Marko Martin
Sonderzone

Marko Martin, Jahrgang 1970, verließ im Frühjahr 1989 als Kriegsdienstverweigerer die DDR. Studium der Germanistik, Geschichte und Politikwissenschaft in Berlin, langjähriger Aufenthalt in Paris. Seine Reportagen, Kritiken und Essays erscheinen regelmäßig in *Die Welt*, den Zeitschriften *MARE* und *La Règle du Jeu* sowie im Reiseblatt der *Frankfurter Allgemeine Zeitung*. Der Autor lebt in Berlin. Buchveröffentlichungen u. a.: »Taxi nach Karthago« (Reiseprosa und Gedichte, 1994), »Orwell, Koestler und all die anderen. Melvin Lasky und ›Der Monat‹« (Essay, 1999), »Der Prinz von Berlin« (Roman, 2000), »Sommer 1990« (Literarisches Tagebuch, 2004).

Marko Martin

Sonderzone

Nahaufnahmen
zwischen Teheran und Saigon

© 2008 zu Klampen Verlag · Röse 21 · D-31832 Springe
info@zuklampen.de · www.zuklampen.de

Umschlag: Matthias Vogel (paramikron), Hannover
Umschlagfotos: © iStockphoto/Vera Bogaert (oben),
Dewing/Shotshop.com (unten)
Satz: thielen VERLAGSBÜRO, Hannover
(Gesetzt aus Sabon LT und The Sans Bold)
Druck: CPI - Clausen & Bosse, Leck

ISBN 978-3-86674-033-4

Bibliografische Information Der Deutschen Bibliothek
Die Deutsche Bibliothek verzeichnet diese Publikation in der
Deutschen Nationalbibliografie; detaillierte bibliografische
Daten sind im Internet über ‹http://dnb.ddb.de› abrufbar.

Inhalt

Mit den Augen des Westens. Eine Vorbemerkung 7

Die Teheraner Orgie. Begegnungen im Iran 11

Tage der Gewalt. Birmanische Notizen 34
   Undercover. Selbstprüfung eines
   ›Sonderkorrespondenten‹ 56
   »Was auch immer geschieht, du musst flexibel sein.« . . . 62

Der Leonard Cohen von Bangkok und andere Rätsel.
Eine Suche nach dem, was Thailand zusammenhält 67
   Die doppelte Brücke am Kwai: Betrachtungen in
   ideologiefreier Idylle 84

Lächelnde Gesichter, offene Wunden.
Eine kambodschanische Reise 90
   Das Casino im Dschungel: An Kambodschas
   einstiger Cote d'Azur 109

Coca Cola und Onkel Ho. Tage in Saigon 116

Der Affe im Straflager und andere Überraschungen.
Unterwegs auf der südchinesischen Insel Hainan 124

Ausweitung der Demokratiezone. Wie Hongkongs
Bürger ihre Rechte verteidigen 134

Textnachweis 159

Mit den Augen des Westens
Eine Vorbemerkung

Ein lauschiger Sommerabend in Berlin-Charlottenburg, einige der Gäste standen, Weingläser in den Händen, versonnen auf dem Balkon, andere schritten im Innern der Wohnung auf abgezogenen Dielen die Bücherwände ab, bewunderten Bilder und exotisch scheinende Skulpturen, und der pensionierte Soziologe, der gerade noch von seinem neuen Landhäuschen in der brandenburgischen Uckermark geschwärmt hatte, sagte in nachdenklichem Ton: »Oh, Birma ... Gewiss, die regierenden Militärs – wahrlich keine Unschuldsengel, aber das sind die Amerikaner übrigens auch nicht. Als meine Frau und ich dort waren, hat uns jedenfalls die Ruhe und stille Abgeschiedenheit des Landes sofort gebannt. Die Pagoden, das wuchernde Grün! Natürlich, wir haben auch Zwangsarbeiter gesehen, Leute, die man für den Straßenbau nördlich von Mandalay abkommandiert hatte. Schlimm, sehr schlimm. Aber das eine möchte ich Ihnen doch sagen: Trotz allem bewahrt das Land seine Kultur und ist noch kein Hurenhaus wie Thailand, Gott sei's gedankt.«

Szenenwechsel. Das »Traders Hotel« im Zentrum von Rangun in den Tagen der Niederschlagung der Mönchsproteste. Draußen in der nächtlichen Dunkelheit aufmarschiertes Militär, das Schutz suchende Demonstranten abschrecken soll, fahlweiße Plastikschilde und Schlagstöcke, innen im halbleeren Speisesaal jedoch zwei redselige Geschäftsleute mit stark rheinländischem Akzent, in Tennissocken und Sandalen, die Polohemden über den schwergliedrigen Goldkettchen geöffnet. »Klar, hier ist nicht alles in Butter, aber wo wäre das schon? Ganz sicher aber kommt dieses ganze Demokratiegedöns von außen, während die Einheimischen wahrscheinlich schon zufrieden wären, ihren Reistopf voll zu haben.«

Freilich ließe sich all dies auch diskreter formulieren, so etwa von Roman Herzog in seiner Zeit als Bundespräsident: »Für hungrige Menschen hat ein Recht wie die Meinungsäußerung zwangsläufig geringere Bedeutung als für satte.«

Wie jedoch sollten die gern zitierten Armen ihr Recht auf Brot oder Reis einklagen – oder auch nur auf den Mangel daran hinweisen – wenn ihnen zuvor das Recht genommen wurde, sich angstfrei äußern zu können? Meinungsfreiheit als Basis für prosperierende und dem Fairnessgebot verpflichtete Gemeinwesen oder allein ein in Krisenzeiten anscheinend verzichtbares Luxus-Tüpfelchen von Wohlstandsgesellschaften? Die westliche Müdigkeit jedenfalls ist frappierend, eine Defensiv-Rhetorik, die ein wenig zu selbstgefällig für sich in Anspruch nimmt, nach langen kolonialen Irrfahrten nun endlich Komplexität und Diversität zu huldigen und nie mehr in die Falle universalistisch kaschierten Dominanzgebarens zu geraten. (Und doch, wie praktisch, gleichzeitig weiterhin ungestört Geschäfte mit Diktaturen machen zu können.) So warnt Altbundeskanzler Helmut Schmidt im Falle Chinas vor »Überheblichkeit und herablassenden moralischen Belehrungen« und gibt in der TV-Talkshow »Maischberger« zu Protokoll, chinesische Menschenrechtsverletzungen seien »nicht sein Bier«. Wie überheblich und herablassend diese Statements auf die Hunderttausende von Straflager-Insassen, auf zu langjähriger Haft verurteilte Bürgerrechtler und Umweltaktivisten wirken müssen, ist Helmut Schmidt dabei wahrscheinlich ebenso gleichgültig wie Gerhard Schröder, der Menschenrechtspolitik als »ritualisierte, symbolhafte und nur für die deutsche Öffentlichkeit gedachte Aktivitäten« buchstabiert – »sie mögen für Nichtregierungsorganisationen angemessen sein, für staatliches Handeln sind sie es nicht.« Befragt nach den Massenmorden unter lateinamerikanischen Folterregimes, hatte und hat ein Mann wie Henry Kissinger stets ähnliche Antworten parat.

Das Rechts-Links-Schema mag ausgedient haben – vorbei jedenfalls die Zeiten, als ein Rudi Dutschke die Pol-Pot-Kritik des jungen CDU-Politikers Friedbert Pflüger unter studentischem Applaus mit dem Ausruf konterte, »was versteht ein Rechter schon vom demokratischen Kampuchea« – die Komplizenschaft und innere Nähe zu diversen Machthabern aber scheint geblieben. Ironischerweise entspricht dabei jener sich so modest und subtil gebende Kulturrelativismus, der von Politikern, Wirtschaftsleuten, Wissenschaftlern und mitunter auch Journalisten gepflegt wird, exakt dem, was die Generäle in Rangun, die Parteifunktionäre in Peking oder die Mullahs in Teheran nicht müde werden, ihrem entmündigtem Volk pausenlos und lautstark zu dekretieren: Unsere Tradition von Respekt und Gehorsam, unser authentischer Lebensstil – unsere Sprache der Gewalt. Die Verachtung für konkretes zivilgesellschaftliches Alltags-Engagement (von freiem Internet bis hin zu nicht-vergiftetem Trinkwasser), die aus Gerhard Schröders Worten über Nichtregierungsorganisationen spricht, fällt bei diesen Potentaten dann vermutlich auf ebenso fruchtbaren Boden wie Alice Schwarzers Eloge auf das zwar autoritär regierte, aber immerhin einem angeblich westlichen Imperialismus noch nicht unterworfene Birma alias Myanmar. (»Ich habe hier nie Hunger oder wirkliches Elend gesehen. Erst in den letzten Jahren tauchten bettelnde Kinder auf: angefixt von Kugelschreiber verteilenden Touristen.«) Seltsam nur, dass die Feministin kurz zuvor in ihrer Rede zum Ludwig-Börne-Preis genau jene Werte von Emanzipation und frei ausgelebter Individualität gefeiert hatte, die dann im Blick auf Südostasien als okzidentaler Hokuspokus denunziert werden. Und auch Helmut Schmidts Rede bei einem Bundeswehrgelöbnis vor dem Berliner Reichstag pries genau jene Tugenden eines demokratischen Rechtsstaats, die er zuvor im Fall des kleinen Taiwans noch als vernachlässigenswert angesehen hatte – »ohne politische Obstruktionen des Westens« müsse eine

Annäherung und Wiedervereinigung mit der Volksrepublik China zugelassen werden. Also doch: Freiheit und Menschenwürde allein für Weiße, und »dem Asiaten« allerhöchstens die gefüllte Reisschüssel?

Aber was wäre, wenn sich hinter der westlichen Demuts-Pose nicht zuletzt eine immense Faszination verbergen würde, das Konstrukt einer normierten Region nämlich, die ohne alles störende liberale oder gewerkschaftliche Prozedere den großen Sprung zur Wirtschaftsmacht wagt – eine rücksichtslos über Einzelschicksale dahinstampfende Macher-Vision für Altlinke und Neorechte gleichermaßen, für Ausnahmezustands-Fans und Dezisionisten jeglicher Couleur? Mit den Augen des Westens ...

Vielleicht wäre es an der Zeit, einmal jenen sogenannten »Einheimischen« zuzuhören, die keine Repräsentanten der Macht sind – und übrigens auch nicht unbedingt jene hierzulande so oft freundlich bemitleideten »verwestlichten, isolierten Intellektuellen«. Ich höre das kraftvolle, ein wenig sarkastische Lachen der Hongkonger Bürgerrechtlerin Emily Lau und der thailändischen Senatorin Rosana Tositrakul, sehe die schmerzliche Ironie in den Augen des birmanischen Exil-Publizisten Kyaw Zwa Moe (acht Jahre Haft und Folter vor seiner rettenden Flucht ins »Hurenhaus« Thailand). Und ich höre die leisen, eindringlichen Worte des Fremdenführers im iranischen Persepolis: »Doch wir sind frei geboren und haben Träume. Auch wir.«

Marko Martin
Berlin, im Herbst 2008

Die Teheraner Orgie
Begegnungen im Iran

»Sorry, but Germany not good.« Ihr Englisch ist rudimentär. Sie sind keine Studenten, aber aufmerksame Radiohörer, und obwohl sie im ärmeren Südteil der Stadt leben, existieren selbst dort versteckte Satellitenschüsseln auf den Dächern der Häuser und damit BBC, CNN sowie die Sender, die auf Farsi aus dem kalifornischen Exil senden. »Warum habt ihr Deutschen im Irak nicht mitgemacht? Erst Saddam, dann unsere Mullahs – das ist Bushs Plan. Ihr dürft ihn dabei nicht allein lassen, verstehst du?« Ort des Gesprächs: Park Melat in der Innenstadt von Teheran. Es ist gegen ein Uhr nachts, die drückende Hitze hat sich verzogen, junge Leute und Familien mit Kindern laufen auf den gepflasterten Wegen auf und ab – hellwache Mondlicht-Flaneure im Protest gegen den neuen Befehl des Regimes, alle Restaurants ab Mitternacht zu schließen. In den folgenden Tagen und Wochen wirst du immer wieder ähnliche Sätze hören – von den jüngeren Händlern im Basar, die sich ostentativ jeden Tag frisch rasieren und Schnauzer und Bärte voller Abscheu betrachten, von Taxifahrern oder Passanten, die in dir den Fremden erkennen und freundlich-eindringlich auf dich einreden als wärest du ein weißes Blatt Papier für ihre verbotenen Gedanken. Dort, wo der Park endet und von einem der für Teheran typischen, halbmeterbreiten Wasserkanäle von der Straße abgegrenzt ist, steht ein Polizeihäuschen – und direkt davor sitzt ihr und redet. Germany not good. Die zwei lassen sich auch nicht unterbrechen, als etwas weiter vorn plötzlich Unruhe ausbricht, Menschen, ihre Kinder an der Hand, zur Seite stieben, dann jedoch in einigen

Metern Entfernung weiterflanieren – ungerührt, fast stur. »Hast du die vier Bärtigen gesehen? Das waren die *Basidsch*, die machen wieder Jagd.« Das rüde Quartett mit ihren aus den Hosen heraushängenden Hemden hat sich seinen Weg zur Treppe gebahnt, die in den oberen, waldartigen Teil des Parks führt und verschwindet unter den Bäumen. Was für eine Jagd? »Nach Paaren, die Händchen halten. Nach Frauen mit modischen Frisuren, die ihr Kopftuch zu weit hinten tragen. Auf junge Leute mit Jeans. Auf alles, was sie frustriert, und das ist eine ganze Menge. Wenigstens hatten sie heute keine Holzstöcke und Eisenketten dabei.«

Mit jedem Satz, den sie sprechen, wird ihr Englisch besser – auch diese Erfahrung wird sich wiederholen. Zwei von 35 Millionen Iranern, die unter fünfundzwanzig Jahre alt sind, die Hälfte der Bevölkerung. Doch auch die *Basidsch*, die Schlägertruppen von Revolutionsführer Chameini, zählen nach Hunderttausenden; in Fakultäten, Dörfern und Moscheen angeheuerte und durch kleine Vergünstigungen beliebig manipulierbare Underdogs, die für ihre soziale Misere nicht etwa das Regime, sondern ihre westlich gekleideten Altersgenossen verantwortlich machen. (Später, im südlichen Isfahan, wird D. fast jubeln, als er vor einer Straßenkreuzung einen parkenden japanischen Geländewagen entdeckt, vollbesetzt mit lauernden *Basidsch*. »Guck sie dir an, das sind alles Palästinenser. Bei uns beginnt den Mullahs der Nachwuchs zu fehlen.«)

Es werden eingekauft: Chips, Frischkäse, Tomatensaft und Juice. Der Lebensmittelhändler grinst: »Viel Vergnügen.« Chiffriertes Sprechen, nach kurzer Interpretation leicht zu deuten. Der Juice wird heute Abend voraussichtlich mit aus der Türkei geschmuggeltem Whisky gemischt, der Tomatensaft zu Bloody Mary verwandelt sein. Außerdem ist es Donnerstagabend, am morgigen arbeitsfreien Tag wird keiner beten, statt dessen liegt eine Art *Saturday Night Fever* in der Luft: Unsichtbar jetzt der Smog, der über Teheran hängt, leuchtend weiß die schneebedeckten Gipfel des Alborz-Gebirges und darunter das gelbe Scheinwerferblinken der Autos. Lediglich vier unterschiedliche Wagentypen sind im Land zugelassen, doch was zählt das schon auf der nach Süden hin abschüssigen Jordan-Straße (seit 1979: Africa-Boulevard), wo man im Schritttempo fährt, bei heruntergekurbelten Fensterscheiben Handy-Nummern und E-Mail-Adressen hin und her reicht, junge Frauen (ihre Tschadors sind tatsächlich seidene Foulards von Hermès) und Männer sekundenlang Händchen halten, die Augen ineinander versenkt und doch den Blick immer zum Straßenrand lenkend, wo die Kontrollwagen des *Komiteh* stehen könnten. »Wenn sie früher bei dir CD's entdeckten, schlugen sie zu und nahmen dich auf die Wache mit. Jetzt reicht schon ein klein bisschen Geld, sagen wir umgerechnet zehn Dollar, damit sie uns in Ruhe lassen.« Was ist das für ein ›uns‹, dem im verarmten Iran mit vierzig Prozent Arbeitslosigkeit zehn Dollar nur ›ein klein bisschen Geld‹ sind?«

»Schreibst du ein Buch über uns? Wenn du das tust, gib uns keine arabischen Namen, das wäre nicht fair.« Die Oberschicht (in der Öffentlichkeit nahezu unsichtbar, dezimiert, enteignet, ins Ausland abgewandert, aber nun zum Teil mit neu erworbenem Kapital in die Heimat zurückgekehrt) fand für ihre Sprösslinge, allesamt geboren in der Spät-Phase des Schah-Regimes, stets rein persische Namen. Nennen wir sie also Kami, Babak, Ardeshir, Omid oder Shahriyar. Okay? »Okay. Aber Party-Ali, den Idioten, kannst du ruhig beim richtigen Namen nennen.« (Doch Party-Ali, der Idiot, wird dir erst viel später beggenen, in einem an Palm Springs erinnernden privaten Ferienkomplex hoch oben im Norden am Kaspischen Meer, wo er aus dem Haus seines verächtlich blickenden Vaters taumelt und irgend etwas von Marbella-Sheraton-Neuilly-Chelsea-Hyatt stammelt, ein Nobelorte und Markennamen wie Knöpfe ausspuckendes Wesen, das dir wie eine Karikatur aus der pädagogischen Revolutionsfibel erscheint – der neurotisch-parasitäre Reiche, dessen Kaste vom sogenannten Volk hinweggefegt wurde.)

Das Haus befindet sich in einem der wohlhabenden Nordbezirke Teherans, irgendwo zwischen britischer und italienischer Botschaft. Der Wächter in der marmornen Empfangshalle ist kein Staatsbediensteter, wie seine New Yorker Kollegen trägt er Portiersuniform; die Finger, die auf die entsprechende Etagentaste im messingglänzenden Lift drücken, stecken in weißen Handschuhen. Statt des *Allahu-Akhbar*, der dich jeden Morgen gegen fünf aus dem Schlaf gerissen hat, hörst du sanften Trance-Techno und dazu Shariyars Stimme (»Mein Vater besitzt Immobilien in Frankreich und der amerikanischen Ostküste, wir sind eine alte Familie«), ehe er dich durch die Wohnung führt und dabei immer wieder in diverse Spiegel schaut. Was beunruhigt den Achtundzwanzigjährigen? Ein wandelndes Klischee, schön und reich – und ziemlich depressiv. »Vorige Woche standen auf einmal die Typen vom *Komiteh* vor der Tür. Wir hatten uns zwei Stewards von Air France eingeladen, die Musik war zu laut und … Ich musste diesmal ein bisschen mehr Geld abdrücken, naja.«

Die Möbel sind mit weißem Leder bezogen, die Dielen dunkel, in der Mitte eines niedrigen Glastisches sprudelt eine Fontäne im Miniaturformat, brennende Kerzen in Kristallschalen verwandeln die Wassertropfen in Dampf – und so gehen auch deine Fragen, sobald sie gestellt sind, in einen anderen Aggregatzustand über. Ob es wohl bald wieder zu Studentenprotesten kommt? Cheers! Wie hat man eigentlich draußen in der Stadt reagiert, als der Erzfeind Saddam Hussein gestürzt wurde und zwar vom »Großen Satan« USA? »Weißt du was? Die Regierung hat die Website von *L'Impact* verriegelt, da ist einfach kein Durchkommen mehr. Verrate mir mal, wie ich mich informieren soll; übermorgen geht mein Flug nach Paris.« Die Sorge ist berechtigt, und so dreht sich das nachfolgende Gespräch um die Frage, wie die tumben Mullahs so geschickt herausfinden konnten, dass der Laden in der Rue Grenéta ein Sex-Club ist. (Verblüffend, wie dennoch an Abenden wie diesen immer wieder leichte Aversionen gegen den Westen auftauchen, den sie doch gut kennen – vielleicht zu gut, um nicht irritiert zu sein von seinen sozial ausbalancierten Mittelstandsgesellschaften, in denen man die Standardformel »Ich komme aus guter Familie« nur noch aus Romanen des 19. Jahrhunderts kennt und im besten Fall mit einem freundlichen Lächeln quittiert.)

Irgendwann sind Chips und Frischkäse vertilgt, das Arsenal des geschmuggelten Alkohols geht zu Ende, sodass nur noch die Aufgeil-Fläschchen bleiben, die in Europa Poppers heißen und in Teheran als unverfängliche Videohead-Cleaner feilgeboten werden – vor allem in den Fernsehgeschäften – und das ist wahrscheinlich das Schönste daran – am Imam-Khomeini-Platz. Die Leute in der Wohnung sind zahlreicher geworden, der Techno härter, einer dreht die Lichtdimmer zurück und langsam beginnt das, was Emile Cioran »den anarchischen Balkanismus der Leiber« genannt hat. Mittendrin fällt dir plötzlich eine Passage aus Philip Roths »Prager Orgie« ein (»Sich ficken zu lassen«, sagt Anfang der achtziger Jahre die frustrierte Dissidentin Olga zum New Yorker Schriftsteller Nathan Zuckerman, »ist die einzige Freiheit, die einem in diesem Land verblieben ist. Ficken und sich ficken lassen ist alles was uns geblieben ist, was sie nicht abstellen können«); aber für so etwas ist jetzt nicht der Moment. Übrigens auch am nächsten Morgen nicht, als du die zahlreichen Fotos auf Kamis Digitalkamera löschst und sich herausstellt, dass der bereits wache Shariyar leider auch von Prag nur das »Hyatt« kennt und dazu die dort gekauften Kristallschalen, die jetzt mit dem gelben Kerzenwachs der letzten Nacht überzogen sind.

Die Tücken der voreiligen Interpretation. Sechs Fernsehkanäle existieren offiziell im Land, alle staatseigen. Seit kurzem sind in nahezu jedem Sender Komödien zu sehen – professionell gemacht, mit jungen, schicken Darstellern und westlichem Ambiente, lachenden Stimmen aus dem Off. Sitcoms im Gottesstaat – kein Vergleich zu jenen altbackenen Filmchen, die du in Beirut oder Amman gesehen hast, ägyptische Produktionen, in denen der schnauzbärtige Friseur stets der Schwätzer ist und die aufgedonnerte Schwiegertochter ein Symbol für ausländische Dekadenz. D. erklärt dir die Rahmenhandlung der Serie »Bedone-sharh« (»Kein Kommentar«) und du horchst auf: Ein unfähiger Zeitungchef, der nur am Geld interessiert ist, jedoch überhaupt nicht schreiben kann, umringt von seinen Mitarbeitern, die auf chaotische Weise den Laden dennoch schmeißen. Ist das nicht ...? Nicht unbedingt. Wohl mag man sich an das Verbot von 70 regimekritischen Zeitungen und Zeitschriften vor drei Jahren erinnern und an die wieder gewachsene Macht ideologisch einpeitschender Medienfunktionäre, aber die Kritik in »Bedone-sharh« ist so versteckt und doppeldeutig, dass sich selbst Konservative bestätigt fühlen können: Ist diese anarchische Zeitung und deren Chef nicht das beste Beispiel für jenen zerstörerischen Sensationsjournalismus, der die religiöse Basis des Staates zu untergraben droht? »Nichts ist, wie es wirklich scheint, aber selbst das, was dahinter steckt, ist noch ein Bild voller Lügen, ein zersplitterndes Spiegellabyrinth, wo du dich schneidest, wenn du nicht aufpasst.« Überrascht lauscht D. der eigenen Metapher nach.

Die Frau schreit, schreit, schreit. Steigert sich in ihren Zorn hinein, bringt andere Frauen dazu, ihr schreiend zu Hilfe zu kommen, während die uniformierten Parkwächter ratlos und isoliert in der Sonne herumstehen; wegen der religiösen Gebote dürfen sie die tobende Frau und ihre Freundinnen nicht anfassen, höchstens mit ausgebreiteten Armen symbolisch zur Ruhe drängen. Diese Schreie! Diese so offensichtliche Diskrepanz zwischen läppischem Anlass und tieferer Ursache, der ausbrechende Hass, als gelte es ein ganzes verfehltes Leben wegzubrüllen! Schließlich wird ihr erlaubt, mit nur einem Ticket zwei der ehemaligen Shâh-Paläste im Norden Teherans zu besichtigen. Später dann siehst du die Frau – Anfang vierzig, gutaussehend, jetzt wieder lächelnd, nicht im geringsten hysterisch – mit ihren Freundinnen durch das weitläufige Anwesen spazieren, in dem 1943 Churchill, Roosevelt und Stalin erstmals miteinander konferierten. Informationen über das historische Ereignis finden sich in keinem der Paläste und Pavillons, aber auch Propaganda bleibt aus. Kronleuchter funkeln, das Mahagoni der verzierten Schreibsekretäre glänzt, und auf den Damastdecken der langgestreckten Tische wartet filigranes Geschirr auf ein Souper, das hier nie mehr serviert werden wird – vor bordeauxroten Absperrschnüren dann kleine Tafeln, die über die damalige Nutzung der Räume informieren, über Alter und Stil der Möbel. Seltsamerweise nirgendwo auch nur ein Wort zum Lobe einer Revolution, die 1979 die Sommerresidenz der feudalen Blutsauger dem ganzen Volk etc. ... Unter dem halbierten Standbild von Rezâ-Shâh – bis auf die lächerlich überdimensionierten Stiefelschächte wurde alles abgesägt – seht ihr erneut die Frauen, als Fotogruppe vereint. Sie winken euch zu. »Next time«, ruft diejenige von ihnen, die geschrien hat. Es klingt wie ein Menetekel.

»Are you a refrigerator?« Jeder versucht jetzt, sein Englisch an dir auszuprobieren und niemand ist enttäuscht, als du verneinst. »Not really.« Zuvor hatten sie noch in Farsi miteinander gesprochen, hatten sich – auch stellvertretend für dich – darüber verständigt, ob das, was einer von ihnen eben gesagt hatte, denn wirklich Mehrheitsmeinung in ihrer kleinen Soldatengruppe sei, kurz vor der Endstation der Teheraner Metro-Linie. »Darf ich Sie fragen, was Sie hier suchen?« Sie alle waren uniformiert, die Frage klang höflich. »Ich will mir den *Haram-e Motahhar* ansehen, das Khomeini-Mausoleum.« Das Stirnrunzeln übersetzt du als Kritik an der voyeuristischen Neugier des Fremden, aber dann hörst du die Worte: »Schade, wo es so viel schönere Orte im Iran gibt. Seien Sie lieber froh, dass der alte Mistkerl tot ist, er hat dem Land nur geschadet.« (Du siehst die Uniform der Soldaten, das zögernde Nicken seiner Kameraden, fühlst das Schweigen oder die Schläfrigkeit der anderen Passagiere im Wagen – und fragst dich plötzlich, ob es ausgewogen ist, was du an Beobachtungen in dein Notizbuch einträgst, ganz so, als laure plötzlich irgendwo wieder jene DDR-Lehrerin, die unter einen deiner Schulaufsätze einst kurz und bündig geschrieben hatte: »Falsch erlebt.«)

»Keine Angst«, sagt D., »du wirst schon noch die anderen sehen.« Sie sitzen beim Picknick auf der Wiese vor dem Mausoleum oder beten im Inneren unter der riesigen goldbronzenen Metallkuppel; unzählige Männer (bei einigen der Niederknienden entdeckst du mit Verblüffung, dass sie rasiert sind), Gruppen schwarzverschleierter Frauen, Familien. Auf den Fliesen spielen Kinder Fußball, und Bärtige, die dich vermutlich für einen Konvertiten halten, reden auf dich ein: »Imam Khomeini, good! Imam Rheza, good! Imam Rheza!«

D. wird es irgendwann zu viel. Erfolglos versuchst du, ihn davon abzuhalten, im Vorhof weiterhin so laut in sein Handy zu sprechen – Vorbereitung für eine neue Orgie. »Es ist ihr Raum hier«, sagst du und siehst, wie D. wütend wird, nur noch mit Mühe an sich halten kann. »So what? Respektieren Sie etwa unseren Raum, die ganze Gesellschaft da draußen?« Unter den missbilligenden Blicken der Mausoleumsbesucher brüllt er jetzt fast in sein Handy hinein, eine Art säkulares Gebet, mit dessen verzweifelter Heftigkeit du nicht gerechnet hattest – ebenso wenig wie mit der Reaktion der Soldaten.

Isfahan. Vor dem Nachtigallengarten hängen die Khomeini-Bilder, aber drinnen sprudeln die rot-gelb-blau angestrahlten Fontänen, und auch der Pavillon aus der Zeit der Safawiden steht noch da. Trotz offizieller Umbenennung nach einem, wie sollte es anders sein, schiitischen Märtyrer ist er noch immer unter seinem alten Namen bekannt: *Hasht Behesht* (Acht Paradiese). Im Innern des Chehel-Sotun-Palastes dann Miniaturen von chinesischer Feinheit, indische Tempelszenen und vollbusige, unverschleierte Frauen. Immer wieder stellen sich kleine Gruppen – Freunde, Familien, Ehepaare – vor die Gemälde, und bevor einer von ihnen den Auslöser der Kamera drückt, rücken sich die Frauen den Schleier zurecht. Absurder Treppenwitz der Weltgeschichte: Wie 1917 ausgerechnet das bäuerliche Russland zum ersten proletarischen Staat der Welt wurde, so fand sich 1979 das multikulturelle Persien plötzlich als islamischer Zeloten-Staat wieder. »Sie haben unsere Feste verboten, unser Lachen, und um uns zu beherrschen und zu erpressen, lassen sie uns trauern – um Ali und Hussein, die vor über tausend Jahren starben, um die zwölf Propheten und die Märtyrer im Golfkrieg. Das ist Boy Georges ›Crying Game‹, und zwar über das ganze Jahr.«

D.'s Gespür für andere Traditionen: Im »Abbasi-Hotel«, einer behutsam zum Fünf-Sterne-Hotel umgewandelten Karawanserei, entdeckt er auf dem Silberbesteck die Prägung der deutschen Firma WMF und auf der Rückseite der Porzellanteller den Namen Rosenthal plus goldener Schah-Krone. Wieder etwas bewahrt! Der knapp Dreißigjährige freut sich unbändig, per Handy wird er seinen Eltern davon erzählen, in deren Teheraner Wohnung ein Klavier steht, in den Monaten nach der Revolution trotz der Todeswürdigkeit derlei Besitzes versteckt und nun leise wieder zum Klingen gebracht: Chopin und Satie, was sonst.

Als die Gebetsschreie über den von Arkaden gesäumten Meidan-e-Imam (früher: Meidan-e-Shah) klingen, ist es aber der junge Händler, der auf deutsch und englisch den Fremden in seinen Laden zu locken versucht, von seinen täglichen Japanisch-Lektionen erzählt, um für den einmal doch einsetzenden Touristenstrom gewappnet zu sein, während er zwischendurch die Mullahs verflucht – er hat weder Geld noch Zeit, nostalgisch auf die Rückseite von alten Porzellantellern zu schauen. Last Exit Mittelschicht? »Du irrst dich«, sagt D. »Auch er will nur raus hier, er hofft auf Freundschaft mit Touristen, um irgendwann ein Visum zu kriegen – so ist das.«

Schiraz, Geburtsstadt des Poeten Hafis. Am Morgen ist ein Teil der Hotellobby mit schwarzem Trauerflor verhangen. Eingerahmt von zwei brennenden Kerzen, steht Khomeinis Konterfei auf einem Tisch neben der Rezeption, in einem Schälchen davor die zum Verzehr freigegebenen schwarzen Datteln. »Tut dies zu meinem Gedächtnis«. Dabei könnte der Revolutionsführer, der in diesen Juni-Tagen vor 14 Jahren starb, gar nicht irrelevanter sein: Hinten aus der Halle brandet Gelächter auf, Cola-Gläser – »Cheers!« – stoßen aneinander und dann ist da auch noch das gedämpfte Geräusch rollender Holzkugeln. Billard um halb zehn, vormittags iranischer Zeit. Billard? »Du musst verstehen, das Spiel war jahrelang offiziell verboten, die Medien machten Propaganda dagegen. Seitdem es erlaubt ist, gibt es überall im Land Billard-Schulen und Kurse und Lehrer. Schau dir an, was die Jugendlichen tun.« Karambolierende Kugeln, in mühsam kontrollierter Aggressivität in dunkle Löcher versenkt – die zweite symbolische Geste innerhalb von zwölf Stunden, nachdem der schnauzbärtige Taxifahrer, der bei jeder roten Ampel so bedrückt wirkte und nach den Autos der *Basidsch* Ausschau hielt, bei freier Fahrt bis zum Anschlag »Cherie Cherie Lady« in die siedendheiße Sommernacht wummern ließ: Mit Billard und Dieter Bohlen gegen die Mullahs, fröhliche Lebenswelt gegen eine Todes-Ideologie, die sich wie im Märchen in die Farben der Düsternis kleidet. Könnte sie eines Tages genau daran scheitern?

Verblüffend, wie aktuell Václav Havels »Versuch, in der Wahrheit zu leben« geblieben ist – als Zustandsanalyse auch dieser Gesellschaft, deren theokratische Ideologie alle Lebensäußerungen kontrollieren *muss* und gerade deshalb durch jede Abweichung, von denen es im Alltag nur so wimmelt, in ihren Grundfesten bedroht wird. Gib Gott, denkst du, dass die Mullahs nicht von Milošević lernen: Rock und Faschismus in Belgrad, halbnackte Körper und hämmernde Beats für Abgrenzung und Chauvinismus; dörfliche Tschetniks in Nikes und Madonna-T-Shirts – die schillernde Außenseite des Westens mühelos und effektiv in den Dienst der Diktatur gestellt. Und dann erinnerst du dich noch einmal an Prag im August 1990. Von einem Balkon am Wenzelsplatz sprechen Havel und der schüchtern lächelnde Dubcek, und am Abend treten Rockmusiker auf, der Sound dringt in alle Seitengassen und bis hoch zum Parlament, der Gedenktag der Okkupation wird zum Fest der Befreiung und beschützt dabei für einen kurzen, kostbaren und wahrscheinlich nie wiederkehrenden Moment sogar jene, die auch jetzt einsam bleiben, an ihren Zigaretten ziehen und niemanden zum Tanzen finden – auch in ihren Gesichtern gibt es dieses besondere Lächeln. *You are young and free* – an diesem Abend waren es selbst die, deren Gesichter gezeichnet waren von den Jahrzehnten davor. Vitalismus und Demokratie, die geradezu libidinöse Sicht auf eine Gesellschaft – ist das vielleicht deine ganz private 1989-Nostalgie, sentimentalische Erinnerung an eine Zeit, als auch du neunzehn warst? »Cherie Cherie Lady« – eigentlich könnte es auch etwas Besseres sein. (Genau das kommt, ein paar Tage später, als D. mit dir durch das Zentrum von Teheran fährt, unter einer Fußgängerüberführung hindurch, an deren Geländern breitformatige Chameini-Bilder hängen, der mürrische Alte mit Bart, Knopfaugen und Hornbrille und daneben ausgerechnet eine Werbetafel für Ferngläser: Ein Orwellsches Tableau, in seiner starren Anmaßung längst aller rationalen Kritik, allen Argumenten enthoben, so dass euch in diesem Moment wieder mal nur der Drive eines Songs retten kann, dieser eine jedenfalls: Celine Dion, »I'm Alive«.)

Und wieder Nachtigallen: Ihr abendliches Zirpen, untermalt vom Klingeln der Handys. Frauen mit schwarzem Kopftuch tragen roten Lippenstift auf, während junge Männer abwechselnd Videokameras bedienen und sich in Lyrikbände vertiefen. Dabei ist dieser Ort selbst ein Gedicht, seine Jasminblütenreihen elegante Zeilen eines hybriden Hymnus, der mühelos die Jahrhunderte überspringt und die Kontraste in einem einzigen Lebensjubel versöhnt – das Grab des Poeten Hafis am Stadtrand von Schiraz. Mögen draußen vor dem Eisenzaun weiterhin die Bilder des grimmigen Chomeini hängen, hier drinnen herrscht eine andere Zeit, der sanfte Pendelschlag der Poesie. Schon am Tor setzt die Verwandlung ein. Dem *genius loci* kann sich keiner entziehen, der neben Blumenrabatten oder im Schatten von Zypressen oder Palmen wandelt und dann die wenigen Stufen einer breiten Freitreppe erklimmt, um hinter einem Säulengang auf das Allerheiligste zuzusteuern. Wobei heilig – beinahe eine Provokation im Staat des politisch instrumentalisierten Märtyrerkultes – einmal nichts mit Prophetentum und Blut und Opfer, ja auch nur bedingt mit dem Tod zu tun hat. Eine Frau liest ein Buch – selbstverständlich Gedichte des 1389 verstorbenen Poeten, der in Wirklichkeit Shams ad-Din Mohammad hieß – und ein Mann filmt sie dabei, es gibt gedämpftes Gelächter, doch kommt dies bereits von einer anderen Gruppe, wo zwei Freundinnen mit den Umstehenden das Orakel-Spiel beginnen: Wünsch Dir etwas, denke fest daran und ich schließe die Augen, küsse die Seiten des Buchs, konzentriere mich und öffne es dann an einer Stelle, deren Zeilen eine Antwort auf dein Begehr sind. Stundenlang geht das so, ein entspanntes Gemurmel.

»Wenn du zu meinem Grabe / deine Schritte lenkst«, schrieb Hafis, »bring Wein und Laute mit, / damit ich zu der Spielmannsweise / tanzend mich erhebe.« Im Land der allumfassenden Verbote klingt es beinahe wie eine Aufforderung zum Widerstand – vielleicht ist es ja etwas von dem, das die Besucher der sogenannten Hâfeziye, die seit 1773 existiert, hier derart subtil zelebrieren. Vor allem jetzt am Abend, wenn die Sonne hinter den Wipfeln der Palmen verschwindet und die Dichter-Jünger – Männer und Frauen gemischt, junge Paare trotz regimeoffizieller Missbilligung Händchen haltend – vom Grabstein, auf dessen Alabaster nun rote Rosen liegen, ins nahebei liegende Teehaus pilgern. Mag auch der Wein verboten sein und die Trauben als die berühmtesten Schirazer Früchte eines ihrer Daseinsgründe beraubt – man isst sie dann eben zusammen mit safranversetztem Eis oder jenem *Falodeh*, das wie gefrorenes, in Rosenwasser gestipptes Briefpapier schmeckt; ein ungewohnter, nicht unangenehmer Geschmack. Vier efeuumrankte Backsteinwände umschließen das Teehaus, und allein der Himmel ist das Dach. Geblubber von Wasserpfeifen steigt auf, Buchseiten- und Kleidergeraschel ist zu hören, und womöglich war es dieser Geist der entspannten, weil niemals forcierten Entgrenzung, der den alten Goethe im »Westöstlichen Diwan« noch einmal jung werden und über seinen großen Kollegen Hafis schreiben ließ: »Dass du nicht enden kannst das macht dich groß, / Und dass du nie beginnst das ist dein Los. / Dein Lied ist drehend wie das Sterngewölbe, / Anfang und Ende immerfort dasselbe.« (»Goethe – good!«, brüllt dann ein wundersam enthusiastischer Taxifahrer, aber das gilt eigentlich nicht, denn er wartet mit seinem Wagen *vor* dem Eisenzaun und hat seine Stimme folglich eher dem Lärmpegel der Straße als der Melodie des Hafis-Gartens angepasst.) *Ganzheit;* hier im Hain des Dichters bekommt sogar die Obsessions-Vokabel der verspäteten deutschen Kulturnation plötzlich ihre Würde und Schönheit zurück, nicht als etwas verkrampft Homogenes, sondern als eine fast unbewusste Lebenshaltung, die um die Widersprüche der Existenz weiß – und sie stehen lässt. Beziehungsweise liegen oder knien, denn selbstverständlich gibt es am (nun mit Kerzen erleuchteten) Grab des lebenszugewandten Gottsuchers auch Gebetsteppiche für die Gläubigen. Doch selbst ihren Bewegungen eignet so gar nichts Aggressives, Demonstratives. Sie müssen nichts fordern, nichts beweisen, sondern wollen wohl nur dankbar sein für eine Welt, in der es trotz aller Finsternis einen Ort wie diesen gibt. Auf ihre Weise ist die Hâfiziye von Schiraz in der Tat ein kleiner Gottesbeweis.

»Miss es einmal in Quadratmetern aus«, entgegnet D., der deiner Schwärmerei stumm zugehört hat. »Miss es aus und du kapierst, wie viel sie uns gelassen haben an Würde und Freiheit: Die Größe eines Fingernagels.«

Persepolis. Natürlich weiß der Fremdenführer, inmitten der sonnenbesprenkelten Ruinen des Meder- und Perserreiches stehend, dass es König Kyros war, der im Jahre 539 v. Chr. die babylonische Gefangenschaft des Volkes Israel beendete. »You see ... no problem.« Ein kryptisches Lächeln erscheint auf seinem Gesicht, das vor der Statue König Darius des Großen plötzlich ernst wird.

»Seht ihr die hochgestellten Flügel? Ein Symbol für die Freiheit, die auch anderen Freiheit gibt. Und hier, die niedergeschlagenen Flügel, schmal wie ein Strich? Symbol für die Freiheit weniger, die andere nur unterdrückt – verflucht soll sie sein.« Der von den südlichen Wüsten kommende Wind pfeift durch die zerstörte Palastlandschaft, sonst ist es still, sodass seine nächsten Worte fast unhörbar sind. »Die Gedanken von König Darius sind nicht verschwunden, sie sind nur weitergewandert zu den Menschen in Europa und in die Vereinigten Staaten von Amerika. Aber vergiss nicht, dass auch wir im Iran frei geboren sind und diese Träume haben. Auch wir.«

D., der bis dahin ununterbrochen an seiner teuren Nikon-Kamera herumgezoomt hat, klopft sich den Staub von seiner Pierre Cardin-Jeans. Der Fremdenführer, der im Hauptberuf als Ingenieur arbeitet, um seinen Lebensunterhalt zu bestreiten, betrachtet das Oberschicht-Kid mit Verblüffung, vielleicht auch mit ein wenig Verachtung. Im Auto – vorbei an Felsungetümen und unerwartet grünen Wiesen – rettet die Kassettenstimme von Googoosh die Stimmung; beide kennen jede Zeile von »Gharibeh Ashna« und wissen, was diese Vorliebe im Iran bedeutet.

Und das ist die wundersame Geschichte von Googoosh, der verfemten Sängerin: Als Ikone der sündigen alten Zeit – halb Dalida, halb Fairuz – wurde sie 1979 von den Mullahs aus dem öffentlichen Raum verbannt und unter Hausarrest gestellt, ihre Schallplatten und Kassetten zerstört. Was sich jedoch nicht zerstören ließ, waren ihre Widerstandskraft, ihre Stimme und die Treue ihrer Fans. Als sie vor einigen Jahren schließlich doch noch ein Reisevisum erhielt und in Dubai auftrat – hochgeschlossenes Kleid, eher traditionelle Lieder aus ihrem Repertoire – nahmen die meisten an, sie halte sich an eine Abmachung mit dem Regime, im Ausland nicht zu provozieren. Bis dann Googoosh ihr zweites Konzert gab, diesmal vor der iranischen Community in Los Angeles. Langes offenes Haar, das allein schon das Publikum zur Ekstase brachte, neue Lieder mit Pop-Elementen – ihre ganz persönliche, seit dem Beginn der Mullah-Herrschaft ersehnte Befreiung. Einen Tag später ließ das Regime verlauten, dass sie bei einer Rückkehr sofort verhaftet würde; eine Art Biermann-Affäre auf Persisch. Googoosh lebt seitdem in Kalifornien, ihre neueste CD ist auch in Teheran als Raubkopie unter den Ladentischen erhältlich. Und so kommt es, dass in einem Auto auf dem Rückweg von Persepolis zwei junge Iraner für einen Moment alle traditionellen Klassenschranken vergessen und gemeinsam den wohl schönsten Googoosh-Song singen: »Gharibeh Ashna.«

Sag mir, welche Redewendungen du hast, und ich sage dir, in welchem Land du lebst. *Jasos bazi nakon* – Benimm dich nicht wie ein Spion. Die allgegenwärtige Regime-Paranoia verinnerlicht oder im Gegenteil als ironische Alltagsformel neutralisiert? »Die Amerikaner sollen endlich kommen«, sagt ein Student im Vorgarten von »Fried Chicken«, einer jener neonhellen Fastfood-Läden, denen man nach der Revolution das Kentucky aberkannt hat und die nun trotz aller Unwirtlichkeit und in Ermangelung besserer Alternativen fast so etwas wie Treffpunkte der versprengten Boheme geworden sind. Hat er keine Angst, dadurch den Mullahs Vorwände zu liefern, von fremden Mächten gesteuert zu sein? »Weshalb? Sie werfen uns ja ohnehin vor, dass uns die USA unterstützen. Dann ist es doch besser, wir werden wirklich von ihnen unterstützt, oder?« Freunde von ihm ereifern sich derweilen über eine Theateraufführung, nickelbebrillte ältere Herren mit Pferdeschwanz scherzen müde mit einer Frau, deren Kopftuch immer weiter nach hinten rutscht, bis ein Angestellter nach draußen eilt, sie darauf aufmerksam macht, während sein Kollege gleichzeitig einen Wasserschlauch anstellt und ausgerechnet jetzt die Steinplatten des Vorgartens zu besprühen beginnt. Bücher werden eilig in Stoffbeuteln verstaut, Tabletts weggetragen, erneut verrutscht der Schleier, aber die Hände der Frau sind doch jetzt nicht frei, ihre Augen suchen nach einem Sitzplatz im Innenraum, vielleicht dort hinten neben der Toilettentür, wo das englische Schild »Be modest and respect the islamic rules« hängt und für einen Moment siehst du, wie sich ihre schönen Gesichtszüge verzerren, die Falten tiefer werden. Dieses gestohlene Leben, jeden Tag aufs Neue, die vielen kleinen Demütigungen, der unendliche, wortlos bleibende Hass.

Down with USA: Die Inschrift, 1979 auf die Außenmauer der besetzten amerikanischen Botschaft gemalt, scheint von Zeit zu Zeit unauffällig erneuert zu werden; sie ist nicht verblasst. Die Wächter in dem kleinen Häuschen neben dem verrammelten Tor sitzen auf Plastikstühlen und rauchen Zigaretten. Einen Blick hinein in das parkähnliche Gelände erlauben sie, Fotos sind verboten, auch können sie keine Auskunft darüber geben, was sich nun im Inneren der Botschaft befindet. Konferenz-, Schulungs- oder Ausstellungsräume? Einer steht auf, zieht den Kopf ein, um nicht an das staubige Kabel zu stoßen, das sich unter der niedrigen Decke zu einer matt leuchtenden Glühbirne hinzieht, er lässt die Zigarette in den Mundwinkel gleiten und wählt eine Nummer am Wandtelefon. »In zwei Wochen wird wieder geöffnet, wahrscheinlich.« Was wird wieder geöffnet? Der Mann zuckt mit den Schultern. »Vielleicht der Laden ...«, mischt sich sein Kollege ein, müde, mit entschuldigendem Seitenblick auf den Fremden. Der andere zuckt bedauernd mit den Schultern. Noch vor wenigen Jahren war der Laden berühmt gewesen: Propagandaträchtig wurden Fotokopien ausgewählter CIA-Dossiers verkauft, die man bei der Erstürmung gefunden hatte. (Namen von Iranern, die – aus was für Gründen auch immer – in den Papieren auftauchten, waren kurz darauf zu Namen von Erschossenen oder Gehängten geworden.)

Down with USA: Paul Auster, ebenfalls eine Zigarette im Mund, liegt schon am Boden, neben ihm Milan Kundera und Jürgen Habermas. Nikes laufen über die Gesichter, zerknittern sie, lassen glänzendes Parkett sehen: Kami, der Mann mit der Digitalkamera, hat von seinem Vater eine neue Wohnung bekommen. Er wirkt bestürzt, als du, anstatt andächtig durch die gerade von Handwerkern geweißten Räume zu laufen, plötzlich auf die Knie gehst und den Zeitungsartikel über den Mann mit der Zigarette übersetzt haben willst. »Er hat irgendein Buch geschrieben, einen Roman. Der andere, dieser Tscheche auch. Die Journalisten schreiben über diese Bücher, dass sie gut sind. Und dann ...«, Kami erhebt sich geräuschvoll, wobei er dir zuliebe jetzt aufpasst, die Feuilletonseiten der Reformzeitung nicht weiter mit seinen Fußspitzen zu traktieren, »... der alte Mann mit der Hasenscharte, der hat bei euch irgendeine Rede gehalten; frag mich nicht, worüber.« Er verschwindet in der Küche, um zu sehen, ob der Kühlschrank schon summt.

Sir V. S. Naipaul brauchte 1995 einige Tage, bis er den Fensterblick aus dem »Azadi Grand Hotel« (Ex-»Hyatt«) richtig deuten konnte. Die Mauern auf dem Hügel im Norden der Stadt stützten keine Terrassen, sondern schützten das Evin-Gefängnis, den berüchtigten Exekutionsort nach der Revolution. Hinter einer Grünanlage verbargen sich Betonblocks, und auf die Eisenzacken der Mauer fiel Sonnenlicht. »Weil der Staat pleite ist und irgendwer eine Autobahn in den Norden baut, wollen sie jetzt das Evin an private Investoren verkaufen. Wer weiß, vielleicht machen die dann ein Hotel daraus, der Blick auf die Stadt ist schön.«

Die Trauerfeierlichkeiten zum Hinscheiden des geliebten Führers halten an. Das staatlich kontrollierte Fernsehen und die regimenahen Zeitungen erteilen den Teheraner Männern den Rat – ein Befehl kann es schon längst nicht mehr sein – sich aus Respekt drei Tage lang nicht zu rasieren. Kommt es dir nur so vor oder glänzen die Wangen der Lebensmittelhändler, bei denen ihr Proviant für die Fahrt in den Norden kauft, diesmal besonders, riecht es gar nach After-shave? Die Autos, in denen die klagenden Schiiten unterwegs sind, haben Lautsprecher aufs Dach montiert: Trauerschreie vom Band. »Früher hatten sie genug Leute, die noch selbst schrien, jetzt brauchen sie schon Kassetten dafür. Das ist übrigens auch der neueste Party-Kick: Du unterlegst die Schreie mit Techno und alle flippen aus.« Und doch sind die Busse – *Ya Ali* als Schriftzeichen und riesige Khomeini-Porträts an der Frontscheibe – bis auf den letzten Platz gefüllt; in die Hauptstadt gekarrte Dörfler, die man für den Trauerausflug mühelos mit einigen Vergünstigungen ködern konnte. Ihre von der langen Fahrt müden, geröteten und auf einmal auch hasserfüllten Augen, als sie die unzähligen Privatautos der Teheraner sehen, die ihnen aus der anderen Richtung entgegen kommen – raus aus der Hauptstadt, hin zum Meer. Bis Polizei auffährt, ein wuchtiger Wagen nach dem anderen, Sirenengeheul und wütende Gesten. Ab jetzt werden beide Fahrbahnen für die Trauerbusse freigeräumt, die Urlaubssüchtigen, Trauerunwilligen zurück in die Stadt gedrängt. Doch zwölf Stunden nur hat der Tag, dann kommt schon die Nacht: Vierundzwanzig Uhr, ein fast gruseliger Mondschein, aber die Gebirgsstraße in Richtung Norden, hin zum Kaspischen Meer ist wieder frei. Auto für Auto fädelt sich ein, und die Fahrer im Triumph – sie hupen, hupen, hupen. Als Echo zurückgeworfen in den Bergtunneln, klingt es wie ein Schrei.

Das sind die neuen Nasen von Mahmoud Abad: Ein Ort am Meer, dessen junge Feriengäste, allesamt Kinder wohlhabender Hauptstädter, das milde Klima zur Schönheitskorrektur nutzen. Zuerst siehst du einen, dann zwei, irgendwann hörst du auf zu zählen, denn sie alle tragen die gleichen schmalen Mullstreifen über der Nase. »Sie haben sie sich richten lassen«, sagt D. »Ein winziger Eingriff, danach sehen sie alle schlanker aus. Hier ist es weder zu heiß noch zu kalt, das lässt die kleinen Wunden schnell heilen. Außerdem sind die Ärzte billiger als in Europa.« D. zögert einen Moment, bis er um deine Meinung fragt, ob auch bei ihm eine Operation nötig sei.

Ramsar. Eine von bauchigen weißen Vasen gesäumte Freitreppe, die hoch zu einem Hotel führt, das Rezâ Shâh in den dreißiger Jahren als Sommerresidenz bauen ließ. Palmen, Wasserbassins, dahinter grüne Hügel, im Inneren auf den teppichbelegten Fluren jedoch Stille, fleckige Spiegel in goldenen Rahmen, Louis-Seize-Möbel mit staubig gewordenem Bezug – Marcel-Proust-Stimmung. Und doch ist dies kein Museum, es gibt zahlende Gäste, aus Amerika zurückgekehrte Iraner, die sich noch daran erinnern, dass die jetzige Teestube im Souterrain einst die Tanzbar des Hotels gewesen war. Ehrfürchtig streicht D. über den zerschlissenen roten Stoffbezug an den Wänden, über die feingehämmerten Kupfergitter der Wandlampen. »Ich bin sicher, die hatten jeden Abend Orgien hier. Es war die goldene Zeit.« »Auch für die Leute in den Dörfern, für die analphabetischen Bauern?«, hörst du dich fragen. Auch du bist dir deiner Argumente sicher, und doch hört es sich in diesem Moment an wie die Off-Stimme aus einem Schulungsfilm. D. lächelt säuerlich. Als ihr wieder draußen seid, zeigt er hinter sich, auf die grünen Lettern der riesigen Betonplatte, die man hoch oben an der Fassade des Hotels angebracht hat: »Allah ist groß.« »Jedenfalls dafür waren sie nicht zu analphabetisch.«

Vom Ende der Freitreppe führt eine zwei Kilometer lange, von Kiefern und Koniferen umgrenzte Flaniermeile direkt zum Meer. Laternen, gestrichene Bänke, Familien, Jungen und Mädchen in getrennten Gruppen, mitunter auch – D. erkennt sie an dem winzigkleinen schwarzen Rucksäckchen, das dort auf dem Rücken hängt, wo die Zipfel des Kopftuchs enden – eine Prostituierte, ihre geschminkten Lippen hinter der Verschleierung verbergend. Ein schlaksiger junger Mann, knapp zwanzig, schließt sich euch an. Er will einfach nur reden. Du bist überrascht, als er so schnell von seiner nahen Thailand-Reise zu sprechen beginnt. »Wegen der Mädchen?« »Dafür ist keine Zeit, ich muss springen.« Er hat die Vokabel *paresh* gewählt – springen mit Hilfe von Schleppern, die in Thailand amerikanische Visa besorgen können; ein Weg, den jährlich Hunderte wählen. Und wie kann man sich vorher im Iran einen Flug nach Thailand leisten? »Mein Vater arbeitet im Basar, er lässt mich gehen, weil es so besser ist für mich«, sagt er, und auf einmal wird er wieder zu einem Jungen, einem trotzigen Kind. »Die Regierung sagt, die Amerikaner sind schlecht, aber ich glaube ihnen nicht. Sie sind gut, und bestimmt denken sie nicht immer nur an Geld wie wir hier. Der Scheitan hat uns verflucht.« »Er wird als enttäuschter Fundamentalist enden«, sagt D. leise auf Englisch, aber du hörst die neidvolle Trauer in seiner Stimme. Einen Vater zu haben, der seinen Sohn ziehen lässt anstatt ihm zu jedem Geburtstag ein neues Auto zu schenken und sich damit sein Hiersein, seinen Gehorsam zu erkaufen. »Das sind einfache Mittelschicht-Leute, manchmal denke ich, die haben es besser.« Der überforderte Junge sieht euch fragend an.

Noch ein Ex-»Hyatt«? Die Straße führt vorbei an Villen mit Meerblick, 1979/80 sämtlich requiriert und den Günstlingen des neuen Regimes übergeben. Das jetzige »Hotel Enqelâb-e Khazar«, ein protziger Siebziger-Jahre-Bau, liegt mit seinem eigenen Strandabschnitt etwas abseits. Nachdem die Russen auf ihrer Seite des Kaspischen Meeres mit dem Bau von Kanälen begonnen hatten, war im Süden der Wasserpegel angestiegen und hat ganze Strände unpassierbar gemacht. »Die Leute sagen, das ist Gottes Strafe für die Revolution.«

In der Lobby, deren blaugrüner Teppich aussieht, als habe er seit der Verstaatlichung des Hotels keinen Staubsauger mehr gesehen, hängen die Machtverhältnisse an der Wand: Zuerst das Chomeini-Bild, daneben, kaum sichtbar, einige Zentimeter tiefer das Foto Chameinis und am Ende der Reihe – deutlich von den zwei vorherigen abgesetzt und mindestens einen halben Meter tiefer gehängt – das lächelnde Antlitz des gewählten Reformpräsidenten Chatami. »Weiß Gott, warum er noch lächelt. Die, die ihn gewählt haben, tun es längst nicht mehr.«

Das, was D. sagt, hast du in den letzten Wochen immer wieder gehört, du kannst es also als ziemlich repräsentativ in dein Notizbuch eintragen. Aber warum landet ihr eigentlich immer wieder in Nobelhotels? Weil es – der permanente Oberschicht-Duktus hat dich inzwischen ungeahnt sozialdemokratisch werden lassen, aber das musst du doch eingestehen – weil es auch diese Schönheit des Konterrevolutionären gibt, die Subversion der verbotenen Erinnerung. »Schau mal nach draußen, zum Pool. Siehst du die Betonplatten rechts und links? Dort waren früher zwei Bars ins Bassin eingelassen. Du konntest zu den Barhockern hinschwimmen und deine Cocktails trinken. Meine Eltern haben es oft getan, und Mutter war im Bikini, kannst du dir das vorstellen?« Du kannst es dir vorstellen, mit einiger Mühe. In der Teheraner Wohnung hast du ein Foto von damals gesehen, ein Vierteljahrhundert alt und darauf eine Frau von dreißig Jahren, gewelltes aschblondes Haar, ein wenig wie Romy Schneider, und auf ihrem knielangen Rock D. als kleiner Junge mit Kapitänsmütze, im Hintergrund der Markusplatz. Ist das die gleiche Frau, die heute zitternd erzählt, wie man sie wegen ihrer lackierten Fingernägel auf die Wache geschleppt hat, die Frau, die sich den ganzen Tag mit Kochen beschäftigt und ewig lange braucht, ehe sie die Mineralwasserflasche gefunden hat, mit der sie euch als Schutz vor dem Bösen besprüht, sobald ihr die Wohnung verlasst? »Sieh sie dir doch an. Es sind nicht nur die Jahre. Dieses Land hat sie altern lassen.« Du folgst D.'s Blick und siehst die bärtigen Anorakträger, die breitbeinig neben der Kasse des Cafés hocken, siehst die kaugummikauenden Kellner mit den schwarzumrandeten Fingernägeln, ihre schlurfenden Schritte, die den Kaffee auf die Untertassen schwappen lassen, bemerkst schließlich auch die dürren Grasbüschel, die dort den Namen Gottes formen, wo vielleicht früher ein Blumenbeet seinen Duft ausgestrahlt hat. Goodbye Glamour. Immerhin: Kambodscha war schlimmer. »Irgendwo ist es immer schlimmer. Aber stell dir vor, du machst Urlaub hier, siehst jeden Morgen das Meer und darfst doch nur schwimmen gehen, wenn sie es erlauben. Männer und Frauen zeitlich getrennt und versteckt, und der von allen Fenstern aus sichtbare Pool nur für die Kinder. Sie hassen die Körper, das Leben, einfach alles!«

Auch dich überkommt irgendwann die Wut – je länger ihr hier sitzt in diesem religiösen VEB Ex-Luxus, je länger die buschigen Augenbrauen der beiden Revolutionsführer prüfend auf dich gerichtet sind – aber dennoch versuchst du, zu rationalisieren. »Hätte der Shâh soziale Reformen begonnen, hätte es keine Revolution gegeben, jedenfalls nicht diese. Wären die Leute aus den umliegenden Dörfern mit ihrem Leben zufrieden gewesen, hätten sie nicht das ›Hyatt‹ entern müssen.« »Ach wirklich, ist das so einfach? Glaubst du vielleicht, es geht ihnen jetzt besser?« »Das ist nicht die Frage.« »Genau das ist die Frage.« Ihr seht, dass ihr so nicht weiterkommt. D. grinst und bestellt zwei Cappuccino. »Wann sehen wir uns wieder?« »Wenn die Chameini-Bilder weg sind.« Er nickt, und du fügst hinzu: »Und wenn die Kellner bessere Kleidung tragen und es sich in ihrer Freizeit ebenfalls leisten können, Cappuccino zu bestellen. Dann rotzen sie uns wahrscheinlich auch vorher nicht mehr in die Tassen.« D. sieht bestürzt in die Richtung, aus der ein Kellner angeschlurft kommt. »Hast du das wirklich gesehen?« »Hab ich«, sagst du.

Fünf Tage später beginnen in Teheran die Proteste der Studenten. Sie skandieren »Freiheit!«, »Tod Chameini!« und fordern erstmals den Rücktritt von Präsident Chatami. *Basidsch*-Milizen schlagen auf sie ein, Teheraner Autofahrer veranstalten Staus und Hupkonzerte, um ihre Solidarität mit den Studenten zu bekunden. Nach wenigen Tagen ist alles wieder still. Du denkst an die Soldaten vor dem Khomeini-Mausoleum.

Juni 2003

Postscriptum:
Während die Weltgemeinschaft weiterhin die Gefahr einer möglichen Atombombe in den Händen der Mullahs diskutiert, fand folgende skurrile Neuigkeit aus dem Iran selbstverständlich kaum Aufmerksamkeit: Seit Juni 2008 ist der Gebrauch und Import von Sonnenbänken im Land streng verboten. Solarien in Hotels, Schönheitssalons und Sportstudios haben – angeblich aus Gesundheitsgründen – die Order erhalten, sofort zu schließen. Ironischerweise wurde das Verbot von Bräunungsstudios, deren Kundschaft vor allem aus Frauen bestand, von der Atomenergiebehörde mitinitiiert und soll dem »verbesserten Strahlenschutz« dienen.

Tage der Gewalt
Birmanische Notizen

Rangun, 29. 9. 2007. Wie viele Hauseingänge, Türen von Läden und Straßenrestaurants waren es? Vielleicht sieben, vielleicht acht. Birmas Hauptstadt Rangun am späten Samstagnachmittag, und wann immer eine der an den Straßenkreuzungen postierte Armee-Einheit mit ihren Plastikschildern, Schlagstöcken und Gewehren losstürmt, um auf Menschenjagd zu gehen, sind da Gesten und hilfreiche Hände, um mich in Sicherheit zu bringen. Natürlich hatten sie – kleine Geschäftsleute, Studenten, Passanten – mein winziges Notizbuch erspäht und sofort begriffen. »Come, come!« Und es war kein Spiel. In den letzten Tagen hatte es zehn Tote gegeben, darunter einen japanischen Fotografen. Und ehe noch das Scherengitter eines Elektroladens mich mitsamt einem knappen Dutzend der heutigen Demonstranten bis auf weiteres verbirgt, ist zu sehen, was gerade mit den drei Jungen passiert, die man soeben an der Kreuzung von 36. Straße und Anawratha Road aufgegriffen hat, da in ihrer Höhe keine Zuflucht bietende Tür gewesen war. An den T-Shirts gezerrt, in die Seite geschlagen und aus unserem engen Sichtfeld herausgerissen.

Seit Freitag gilt in Birma, das seit 1989 auf Befehl der Militärmachthaber Myanmar heißt, eine Ausgangssperre von neun Uhr abends bis fünf Uhr morgens. Damit soll vor allem verhindert werden, dass weiterhin zahlreiche Hauptstädter des Nachts zu jenen Mönchen in der Shwedagon Pagode pilgern, mit deren demonstrierter Courage die Proteste vor einigen Tagen begonnen hatten.

Inzwischen ist die Pagode geschlossen, die Zufahrtsstraßen weiträumig gesperrt.

Unzählige Mönche befinden sich in Haft, um damit – so das Kalkül des Regimes – der Protestbewegung ihre spirituell-symbolische Kraft zu nehmen. Aber schon hat der Volkszorn auf die Machthaber neue Wege gefunden, um sich zu artikulieren. Die breite Sule Pagoda Road, in deren Mitte sich der goldgleißende buddhistische Tempel gleichen Namens befindet, hatte bereits ab Mittwoch Tausenden von Demonstranten Platz geboten. Nun ist aber auch die Sule Pagode geschlossen, ja mehr noch: In der Nacht zum Samstag hatte sie das Regime zum Militärlager umfunktioniert, so dass am Morgen statt gelb und orange gewandeter Mönche unzählige Soldaten in olivgrüner Uniform und rotem Stern am Ärmel aus dem Gebetshaus herausstürmten, um auf dem Asphalt entweder Stacheldraht auszurollen oder auf wartende Laster mit offenem Verdeck zu steigen und damit angsteinflößend durch die Stadt zu rollen. Vor dem Rathaus parkte zu dieser Zeit bereits eine Kolonne von Feuerwehrwagen mit der absurd anmutenden Aufschrift »Star of Poland«, die Schläuche auf dem Verdeck ausgerollt, um sie als Wasserwerfer gegen die Demonstranten zu benutzen.

Dabei ist die Symbolik durchaus stimmig: Was das Regime in diesen Tagen fürchtet, ist ein demokratischer, ein friedlicher Flächenbrand, wie ihn das Land seit jenem August 1988 nicht mehr gesehen hatte, als, initiiert von Studenten, Abertausende auf den Straßen gewesen waren – und das Regime anschließend ein Massaker mit geschätzten dreitausend Zivilopfern zu verantworten hatte. Wird es sich wiederholen? Keiner, mit dem ich spreche, der diese Möglichkeit einer blutigen Eskalation ausschließen will. Zu deutlich sind die Drohsignale: Ausgangssperre, willkürliche Stromunterbrechungen als Zeichen, wer hier im Lande Herr über Licht und Dunkelheit ist, dazu seit Freitag eine Totalblockade des Internets (ohnehin zählte die Web-Zensur in Birma bereits zu den schärfsten der Welt), die es nahezu unmöglich macht, Nachrichten nach draußen zu schmuggeln oder im Land selbst zu erfahren, wie die Welt auf die jüngsten Vorgänge reagiert. Zwar läuft in den größeren Hotels von Rangun CNN, von den wenigen noch hier verbliebenen westlichen Ausländern ebenso begierig geschaut wie vom Hotelpersonal, dessen scheinbar neutrales Lächeln nicht täuschen sollte. Notwendige Mimikry in einer der härtesten Diktaturen der Erde, in der wohl jeder einen Freund oder Verwandten besitzt, der mit den Repressionsmechanismen schon einmal hatte Bekanntschaft schließen müssen. CNN und Drinks in holzgetäfelten Bars, doch sind die Terrassen der Luxusunterkünfte zumeist geschlossen. »Security«, kichern Etagenkellner und Rezeptionisten, um dann auf Nachfrage mit der Wahrheit herauszurücken: Seit von eben jenen Terrassen in den letzten Tagen Fotos von Demonstranten gemacht und in die Welt hinausgeschickt worden waren, hatte das kontrollsüchtige Regime die Hotels verpflichtet, auch den Bewegungsraum der eigenen Gäste einzuschränken.

Das war die Situation am sonnigen Samstagmorgen, der alsbald in einen Monsunregen am Mittag überging und die Menschen unter Markisen oder heruntergekommene, zerbröckelte und unter dem Tropenklima giftgrün gewordene Kolonial-Arkaden flüchten ließ. Und erneut kluge Mimikry der Passanten – ganz so, als gelte es die bequeme Kulturrelativisten-These ad absurdum zu führen, nach welcher »die Leute in anderen Kulturen« ohnehin mehr mit Alltagsbewältigung statt Demokratiehoffnung beschäftigt seien. Lärm der Busse und Sammeltaxis, nachlassender, jetzt nur noch spärlich aufs Pflaster plätschernder Regen, und vor dieser Geräuschkulisse plötzlich Händeklatschen. Erst zehn, dann zwanzig, schließlich immer mehr Menschen, die sich am Ende der Anawratha Road vorwärts bewegen, auf die martialischen Militärs vor der Sule Pagode zugehen, sich beifallspendend gegenseitig Mut machen, lächelnd und dennoch die Gesichter voller Anspannung. Das geht mehrere Meter so, inzwischen ist bereits ein Demonstrationszug daraus geworden, bis auf Seiten der Uniformierten ein Pfiff ertönt und damit jenen Mechanismus in Gang setzt, der den ganzen Nachmittag über fortdauern würde. Verharmlosung, hier von Katz- und Mausspielen zu sprechen. Bereits die »normal« patrouillierenden Militärs hielten nämlich die Gewehre waagerecht, die Mündungen direkt auf die Passanten gerichtet. Und dann erst in vorwärts stürmender Formation! Harte, eher bäurische Gesichter, über die meine zahlreichen Schutzengel in den Läden und Cafés sagen: »Schau sie Dir an! Sie kommen aus den Dörfern und sind Analphabeten, denen man alles erzählen kann. Natürlich hassen sie uns und würden für ihre Offiziere alles tun.«

Tatsächlich? Einige von ihnen wirken in ihren Helmen und ihren roten, an einstige DDR-Pioniere erinnernden Halstüchern eher überfordert und nervös. In verschärften Konfliktsituationen möchte man ihnen jedenfalls nicht begegnen, und deshalb wissen die applaudierenden Passanten von Rangun sehr wohl, wann es Zeit ist, wieder auseinander zu stieben, sich zu verstecken – oder auch panisch in eine der schmalen, von Müll umrandeten Seitengassen zu jagen, dabei Gemüsestände und das dürftige Mobiliar von Garküchen umrennend. Unglaublich, wie sie aber selbst dann noch Zeit finden, mich zu flankieren, zu schützen – »Watch out« – damit ich den Militärs nicht etwa ins Auge falle. Gleichzeitig hat ihre Hilfe überhaupt nichts Sentimentales. Fremder, so scheint die ebenso humane wie pragmatische Botschaft zu lauten, sieh' zu, dass Du Deine Sätze aus der Stadt herausschmuggeln kannst: Das genau nämlich erwarten wir von Dir. Nicht mehr und nicht weniger.

∗

Es ist kein Bild der Idylle: Soldaten in der Hocke beim Bohnenspellen und Reiskochen. Über Nacht wie durch Zauberhand verschwunden, haben sie nun am Sonntagvormittag den Mahabandoola Garden rund um das Unabhängigkeitsdenkmal in Beschlag genommen und auf den regendurchweichten Wegen eiserne Dreiständer mit Kochern und Pfannen installiert. Regelmäßig kommt Nachschub von Proviant, in durchsichtigen Plastiksäcken von den unbeteiligt dreinschauenden Händlern auf der gegenüberliegenden Straßenseite für einige zerknitterte Kyat-Scheine erstanden. Nicht geraubt, sondern durchaus korrekt bezahlt, auch wenn die Situation etwas Unheilvolles hat: Kaufen, kochen, essen – und dann Posten beziehen und womöglich schießen. Inzwischen sind auch die Eingänge der größeren Hotels umstellt, als fürchte man, potenzielle Demonstranten könnten dort Schutz suchen, wo zumindest eine geringe westliche Präsenz garantiert zu sein scheint. Wider Erwarten bleibt dennoch erst einmal alles ruhig, und die Nachricht, das renommierte »Traders Hotel« sei vom Militär gestürmt worden, erweist sich als Gerücht.

»Siehst Du? Die sehen nichts«, sagt ein Student, der – während er seine Baseballmütze betont lässig in den Händen dreht – mich dennoch bittet, seinen Namen nicht zu erwähnen. »Jetzt müssen sie schon an allen Straßenecken Posten und Wagen aufstellen, weil sie Angst haben, dass wir hinter ihrem Rücken wieder mit dem Händeklatschen beginnen und sie beschäftigen.« Die anvisierte Abnutzungsstrategie klingt clever – in der Tat werden so Hunderte von Militärs gebunden. Freilich ist auch das Regime auf die Idee verfallen, das Volk mürbe zu machen. Immer wieder sieht man Angehörige der Jugendgarde des Regimes mit Holzknüppeln in den Händen auftauchen – gestern noch hatten sich diese Helfershelfer damit begnügt, den Posten im Vorbeigehen Informationen über sich in der Nähe formierenden Protest zu geben. Außerdem sind an diesem Sonntag in den Straßen von Rangun kaum noch Mönche zu sehen. »Sie verhaften sie über Nacht oder geben den Klöstern den Befehl, ihre Novizen wieder zurück aufs Land zu schicken.«

Wird die Strategie aufgehen? Zumindest fällt auf, dass die heutigen Proteste sporadischer geworden sind, beinahe zitathaft und eher zur Selbstvergewisserung, dass man nicht aufgeben will. Schnell hat sich zudem mit Hilfe von Taxifahrern herumgesprochen, dass mittlerweile nicht nur – wie seit 1996 üblich – die University Avenue mit dem Haus der Friedensnobelpreisträgerin

Aung San Suu Kyi in Nummer 54 für Fußgänger gesperrt ist, sondern bereits an allen Straßen im Umkreis des Ober- und Mittelschichtviertels ortsfremde Privatwagen zum Wenden gezwungen werden. Die dortigen Bewohner dürfte es nicht stören: Profiteure eines Regimes, das für Infrastrukturarbeiten zum besseren Ausbeuten der immensen Bodenschätze nach wie vor zwangsrekrutiert und freie Marktwirtschaft – China, Thailand und Indien sind auf birmanisches Gas und Öl angewiesen – als eine Art totalitären Räuberkapitalismus praktiziert.

Nein, es sieht nicht gut aus für Birma alias Myanmar. Eine bettelarme Landbevölkerung sowie Städter, denen nur das Händeklatschen bleibt. Vorerst. »Aber irgendwann ...«, sagt der Student, der von seinen offensichtlich vermögenden Eltern reichlich vage spricht. »Irgendwann, du wirst sehen.«

Die kleine Gemeinde indischer Methodisten legt derweil ihr Schicksal in Gottes Hand. Auch vor ihrer Kirche, einem Ungetüm aus vermoostem rotem Backstein, aus dessen schadhaftem Dach bereits Wurzelwerk sprießt, haben sich Soldaten hingelümmelt. Ausgestreckt zwischen Bananenstauden und Stapeln überreifer Papayas, rauchen sie billige Zigaretten und blicken dem vermeintlichen Touristen aus dem Westen verwundert nach, als er das quietschende, rostige Eisentor zum heruntergekommenen Kirchhof aufstößt und dem Gesang der Gemeinde, untermalt von einem verstimmten Klavier, hinein ins Innere folgt. Neugierig zugewandte Köpfe, freundliches Nicken, alsbald aber wieder die Konzentration auf Gebet und Predigt. Bis der Pfarrer, ein spindeldürrer Man in kragenlosem weißen Hemd und dem traditionellen Hosenersatz – dem vorn mit einem Knoten befestigen *longyi* – des Fremden ansichtig wird. Und erneut wird deutlich, für wie wichtig man hier ausländische Präsenz zu halten scheint. Von der Landessprache ins Englische wechselnd, klärt er, während ein feines Lächeln um seine Mundwinkel spielt, darüber auf, dass jetzt das Vaterunser gesprochen werde. Und dann folgen jene Worte von der erhofften Erlösung vom Bösen, die wie ein aktueller Kommentar anmuten. Einschließlich der Zurechtweisung für jene Männer da mit ihren Waffen, die das Wichtigste noch längst nicht begriffen haben: Dein *Dein* ist die Kraft und die Herrlichkeit.

Derweil steigen die Soldaten draußen wieder auf ihre Lastwagen mit dem offenen Verdeck. Die Gewehrmündungen erneut auf die Passanten gerichtet, fahren sie im Schritttempo durch die Straßen. Welche Nachrichten wird die kommende Nacht bringen?

Rangun, 1. 10. 2007. Ausländische Diplomaten in Rangun gehen inzwischen davon aus, dass der Tod des japanischen Fotografen, der letzte Woche bei den Straßenprotesten in der Stadt erschossen worden war, nichts Zufälliges hatte. »Nach unserer Einschätzung«, sagt ein westlicher Beobachter, der nicht genannt werden möchte, »handelte es sich nicht um die Kurzschlussreaktion eines womöglich überforderten Soldaten. Im Gegenteil: Alles spricht dafür, dass es eine gezielte und geplante Hinrichtung war. Zur Abschreckung für andere Journalisten, damit sie Myanmar in diesen Tagen meiden.«

Doch auch nach dem vorläufigen Abflauen der Proteste – dessen Ursache wohl in der gegen die Mönche gerichteten Verhaftungswelle zu suchen ist – scheinen die Machthaber nervös. »Ich zeige dir den Schatten, und du siehst die Sache«, lautet ein birmanisches Sprichwort, und entsprechend verräterisch sind einige Details an diesem Montag: Gemeinsam mit drei Grußadressen anlässlich des chinesischen, nigerianischen und zypriotischen Unabhängigkeitsfeiertages ist heute in der regierungsamtlichen Zeitung *The New Light of Myanmar* Juntachef Than Shwe präsent – als gälte es zu zeigen, dass mit dem als gesundheitlich angeschlagen geltenden 74-Jährigen noch immer zu rechnen ist. Die Hoffnung so mancher Demonstranten auf Machtkämpfe innerhalb des SPDC (»State Peace and Development Council«), die vielleicht zum Erstarken sogenannter »moderater Technokraten« hätte führen können, scheint damit vorerst zerschlagen. Freilich sollte man sich gerade angesichts dieser beinahe schon pathologisch geheimnistuerischen Tropen-Diktatur, deren Führer sich im Unterschied zu anderen Potentaten auch keineswegs auf öffentlichen Großpostern feiern lassen, vor voreiligen Spekulationen hüten. Schon einmal nämlich hatte – vor allem in den westlichen Medien – die Rede von einem »eher liberalen Reformer« die Runde gemacht: Gemeint war damit der ehemalige Ministerpräsident und Geheimdienstchef Khin Nyunt, der im Oktober 2004 von »Staatspräsident« General Than Shwe abgesetzt und unter bis heute andauernden Hausarrest gestellt wurde. Tatsächlich war der General – obwohl er sich einmal sogar zu Sondierungsgesprächen mit Aung San Suu Kyi, Nobelpreisträgerin und Symbolfigur der Opposition, getroffen hatte – für härteste Repression bekannt. Der militärische Nachrichtendienst von Khin Nyunt hatte eine umfassende Internetzensur eingeführt und das gesamte Land mit einem effektiven Spitzelsystem überzogen. »Wäre der ›Reformer‹ noch im Amt«, so spottet man deshalb dieser Tage in Rangun, »wären die Proteste ganz unmöglich gewesen: Alle potenziellen Demonstranten hätte man bereits vorab identifiziert und verhaftet.«

Nun aber ist gerade der UN-Gesandte Gambari im Land, um auf eine friedliche Konfliktlösung zu drängen, sodass dem Regime vorerst an keiner weiteren Eskalation gelegen ist. »Diesem kleinen Großereignis«, sagt der eingangs zitierte Diplomat, »haben beispielsweise Sie zu verdanken, dass Sie noch nicht aufgeflogen und ausgewiesen worden sind. Gambari und Ihrem 3. Oktober, denn anlässlich Ihres Nationalfeiertages gab es in birmanischen Zeitungen lobende Sonderbeilagen zum Wirtschaftsstandort Deutschland. Ziehen Sie dennoch am besten den Kopf ein, die Jagd auf Journalisten geht weiter, und gerade in den letzten Tagen wurde uns berichtet, dass Geheimdienstler im ›Traders Hotel‹ Zimmer für Zimmer durchsucht haben.«

Das besonders bei westlichen Geschäftsreisenden wegen seines freundlichen Service beliebte Hotel, gestern noch von Militärs umstellt, scheint auf den ersten Blick ein Ort ziviler Gelassenheit.

Dann aber trifft man vor dem Aufzug plötzlich auf schlagstockbewehrtes Sicherheitspersonal und wird spätestens im zwölften Stock abgefangen. »Was wollen Sie von der ILO?«

In der Tat fürchtet das Regime die Internationale Arbeitsorganisation, die im Rahmen der Vereinten Nationen für menschliche Arbeitsbedingungen und gegen die vor allem in Birma weit verbreitete staatliche Zwangsarbeit kämpft. Richard Horsey, einstiger Birma-Beauftragter der ILO und seit einiger Zeit bei den Vereinten Nationen in Bangkok, galt den Machthabern deshalb lange als Staatsfeind Nummer eins: Gleichrangig mit Aung San Suu Kyi und der regelmäßig verteufelten BBC.

Nein, es ist kein Durchkommen. Höflich, wenngleich mit eisigem Lächeln, wird eine Kontaktaufnahme mit den ILO-Vertretern verweigert. Angeblich sind die letzten hier geduldeten Interessenvertreter von Birmas entmündigter Bevölkerung gar nicht im Hotel oder gerade ins Ausland abgereist. Vor den Toren der Universität von Rangun das gleiche, obwohl hier die Sicherheitskräfte nicht einmal ansatzweise Englisch sprechen und es bei rüden Gesten belassen. Studenten, die kurz danach das Gespräch mit mir suchen, verzweifeln dagegen schier an der Unmöglichkeit einer Kommunikation: Was vermögen Gesten schon auszudrücken, wenn man des Englischen nicht mächtig ist – und auch nicht sein *sollte*, wenn es nach dem Willen der Dschungel-Generäle ginge, die Ranguns einstmals renommierte Universität zunächst vom Zentrum in einen Außenbezirk umsiedelten, um sie dann für Jahre zu schließen. Keine der eigenen Herrschaft womöglich gefährlich werdende Elite sollte entstehen, einem internationalen Gedankenaustausch die Grundlage entzogen werden.

Unsere pantomimischen Verständigungsversuche hatten keine zwei Minuten gedauert, als plötzlich ein Wagen am Straßenrand hielt, dessen »zufällig« englisch sprechender Fahrer uns seine ganz und gar nicht erwünschte »Hilfe« anbot. Man muss sie gesehen haben, die bestürzten Gesichter der drei Studenten, ihre schnell davoneilenden Schritte. Und man muss ahnen können, was sich in

Birmas Gefängnissen seit nunmehr über vier Jahrzehnten abspielt, um zu ermessen, welch enormer Mut die Menschen hier zum Widerstand treibt. Nein, *sie* ziehen den Kopf nicht ein, obwohl sie doch ungleich mehr riskieren als der Verfasser dieser Zeilen.

Postscriptum:
Wirklich, was hatte ich schon riskiert? Die vorherigen, für die Tageszeitung Die Welt *geschriebenen Texte im Business-Center meines Hotels unter dem maskottchenhaften Pseudonym »Jacob Glücklich« in den Computer getippt, kaum dass ich verschwitzt und abgeschlagen – nicht aber etwa zusammengeschlagen – aus den Straßen der Stadt zurückgekehrt war, aufmerksam beobachtet vom Service-Personal, das mir sogar den Drucker eingestellt, mich jedoch offensichtlich nicht denunziert hatte. Ein kleines Wunder, ebenso überraschend wie die Tatsache, dass ich bei meiner Ankunft auf dem beinahe menschenleeren Flughafen von Rangun nicht gefilzt worden war. Ging das Regime womöglich davon aus, dass hereingeschneite Reisende sowieso nichts erfahren würden über den Verbleib der verhafteten Mönche, deren Schicksal bis heute ungeklärt ist? Dennoch funktionierten während der Dauer meines Aufenthalts im Hotel weder Internet noch Telefon- und Faxverbindungen; dank des Satellitentelefons einer Diplomatin konnte ich den geschriebenen Text wenigstens in den Hörer brüllen, hinüber in eine andere Welt nach Berlin, wo eine freundliche Sekretärin alles abtippte. Und bereits damals, in jenem Moment, das Gefühl dieses Ungenügens, dass sich hier das Sekundäre der Informationsübermittlung über das Eigentliche des Geschehenen und Gesehenen zu ziehen begann, eine verführerische Firnis, über der sich später hervorragend tänzeln lassen könnte. (In der Tat drehten sich, zurück in Berlin, die Fragen eines Radioreporters und danach des Moderators anlässlich einer Pro-Birma-Demonstration vor dem Brandenburger Tor vor allem darum, wie es mir denn gelungen sei, die Texte außer Landes zu schmuggeln, ganz so, als sei dies eine Helden-*

tat, womöglich gar höher zu veranschlagen als der Todesmut der demonstrierenden Zivilisten, unter deren Schutz ich mich befunden hatte.)

Rangun, 1. 10. 2007. Der politisch interessierte Birma-Reisende weiß, dass das Land 1989 auf Befehl der Militärs in Myanmar umbenannt wurde und die Metropole Rangun mittlerweile Yangon heißt. Weniger bekannt dürfte sein, dass Rangun alias Yangon nicht länger Hauptstadt ist: Aus Furcht vor Volksaufständen und einer möglichen Militärinvasion von Seeseite aus (das Regime verfügt über keine nennenswerte Marine) haben sich die Machthaber vor zwei Jahren in die vierhundert Kilometer nördlich gelegene Dschungelfestung Pyinmana zurückgezogen – nicht zuletzt, so Gerüchte, auf Anraten höfischer Astrologen. Konfrontiert mit dieser Mischung aus nebulos bleibenden Fakten und einer Vielzahl plausibler Interpretationen, wird es der Reisende schätzen, an Bord des Thai Airways Flugzeugs noch ein letztes Mal die sachlichen Informationen und kritischen Kommentare der *Bangkok Post* lesen zu können, ehe er seinen Fuß in ein Land setzt, in dem zu Beginn des 20. Jahrhunderts George Orwell (damals noch unter dem Namen Eric Blair) als vom Kolonialismus angeekelter Polizist Dienst getan hatte. Unwahrscheinlich jedoch, dass Orwell im Birma jener Zeit – in einer autokratisch und arrogant verwalteten Provinz des britischen Empire – Inspirationen für sein späteres Meisterwerk »1984« gefunden hätte. Eine totalitäre Gedankenpolizei war den sich nicht immer als Gentlemen benehmenden Engländern jener Epoche nämlich eher fremd – für derlei brauchte es dann schon handfestere Ideologien wie Kommunismus, Nationalsozialismus oder eben jenen »birmanischen Sozialismus«, den General Ne Win im Anschluss an seinen Putsch im Jahre 1962 dem anderthalb Jahrzehnte zuvor unabhängig gewordenen Land verordnet hatte.

Die heute regierende Militärjunta ist ihrem Meister jedenfalls darin treu geblieben, Unterentwicklung als Fortschritt zu verkaufen, Mangel als Überfluss darzustellen, Lüge als Wahrheit und Unfreiheit als »Weg der harmonischen Einheit«. Es hat deshalb seinen Grund, dass die wenigen Passagiere, die dieser Tage von Bangkok nach Rangun fliegen (in umgekehrter Richtung sind die Flüge meistens voll belegt), die trotz eigener Militärregierung noch immer ziemlich freie *Bangkok Post* auf der Suche nach ungefilterten Nachrichten über Birma durchforsten – um sie alsdann auf den Sitzen liegen zu lassen. Zu riskant wäre es gegenwärtig, mit solch »feindlichem Material« im Gepäck einzureisen. Während das staatliche Fernsehen die Nachrichten von den nicht abreißenden, wenn auch zahlenmäßig abflauenden Protesten möglichst klein hält, ist *The New Light of Myanmar* mittlerweile in die Offensive gegangen. Wie im Ostblock zu seinen finstersten Zeiten, hat man gerade in Birmas auflagenstärkstem, weil regierungsamtlichem Blatt beschlossen, vom Ignorieren auf pure Drohung umzuschalten. »Richtiges und Falsches« über die gegenwärtige Entwicklung verspricht ein auf der ersten Seite dick umrandeter Aufsatz, der sich dann im Inneren der Zeitung auf zwei weitere dichtbedruckte und nicht nur optisch graue Seiten erstreckt. Gebetsmühlenartig und mit beleidigtem Unterton wird aufgeführt, was die Herrscherkaste ihrem Volk (das an Bodenschätzen reichste Land Asiens zählt zu den ärmsten Staaten der Welt) täglich an Wohltaten zukommen lässt. Unterbrochen wird die Litanei mitunter von einem harschen »Entscheide selbst!«, auf dass der Leser auch entsprechend demütig werde.

Die auf Englisch abgedruckte Epistel liefert geradezu ein Paradebeispiel für die Rhetorik eines Regimes, das seine Unterdrückungspraktiken moralisch abzusichern versteht. Von »großen Opfern« für die Bevölkerung ist da die Rede und von »unaufhaltsamem Fortschritt«, der nur deshalb ins Stolpern zu geraten drohe, weil die Friedensnobelpreisträgerin Aung San Suu Kyi nicht aufhöre, Obstruktion zu betreiben, Mönche, »Studenten« oder

»einfache Arbeiter« aufzuhetzen und darüber hinaus die öffentliche Meinung im Ausland zu manipulieren. Auch dort sind die Sündenböcke schnell ausfindig gemacht – und zwecks besserer Erinnerung seit Freitag auf jeder letzten Seite des *New Light of Myanmar* in Großdruck enttarnt: »Beware of BBC and VOA (Voice of America, d. Verf.) saboteurs!«

Wie gut – und auch hier lässt der Realsozialismus grüßen – dass es gleichwohl »gesunde Kräfte« gibt. Da wären etwa jene »besorgten Arbeiter« vom Wochenende, die man bei einer Pro-Regime-Demonstration zeigte oder (schließlich hat man auch hier das Honeckersche »Weltniveau«) jene kubanischen Minister, welche dem Regime gerade einen Freundschaftsbesuch abstatten. Und was die »angebliche Gewalt« gegen die Demonstranten betrifft: Nun, in Kalifornien – auch dazu gibt's ein Bildchen – sei gerade ein autistischer Teenager brutal von Polizisten zusammengeschlagen worden ... Was hier Tag für Tag vorexerziert wird, haben die übrigen Zeitungen des Landes umgehend umzusetzen – dafür sorgt nicht zuletzt die allmächtige Zensurbehörde PRSD, der jedes einzelne Druckerzeugnis vorgelegt werden muss. Die politischen Richtlinien sind dabei gleichermaßen absurd, wie nach offiziellem Gutdünken dehnbar: So sind unter anderem verboten »sämtliche inkorrekten Ideen und Meinungen, die sich nicht in Übereinstimmung mit den Verhältnissen befinden«, jedoch auch »jegliche Beschreibungen, die, wenngleich faktisch korrekt, inakzeptabel sind auf Grund des Zeitpunkts oder den Umständen ihrer Niederschrift.« So durfte in Perioden der Knappheit das Wort »Reis« nicht erscheinen, sind bei politischen Zwistigkeiten mit dem Nachbarland selbst Werbeanzeigen für thailändische Produkte verboten oder fiel im Jahre 1998 der Sturz des indonesischen Diktators Suharto ins Schwarze Loch der Zensur. Derlei »Informationen« aus dem Orwellschen Wahrheitsministerium zu belächeln kann sich freilich nur derjenige leisten, der weiß, dass er bald wieder abreist und nicht sein Dasein hier fristen muss.

Postscriptum:
Wie gern hätte ich unter irgendeinem noch plausibel auszudenkenden Vorwand die Redakteure dieses New Light *besucht, neugierig auf Köpfe, die sich derart der offensichtlichen Lüge verschrieben hatten. Allerdings war zu diesem Zeitpunkt mein Hotelzimmer bereits durchsucht worden (gründlich und diskret, obwohl ich bereits als Kind vor unseren jährlichen Ostsee-Urlauben von meinem Vater gelernt hatte, wie man Kleinigkeiten so unauffällig drapierte, dass auch noch so versierte heimliche Besucher ihre Spuren hinterlassen mussten.) Ironischerweise war dies wohl geschehen, als ich mich gerade in einem abhörsicheren Raum im Gebäude der deutschen Botschaft befunden hatte und von einem ihrer Mitarbeiter gefragt wurde, ob ich etwa dieser »Jacob Glücklich« sei. Und selbst da, in Augenblicken der Anspannung und überaus besorgter Ratschläge, erneut dieser durchaus genossene Ego-Kitzel des großen Abenteurer-Jungen. »Wäre es nicht besser, Sie nähmen den nächsten Thai-Airways-Flug zurück nach Bangkok, die Geheimdienstler hier sind schließlich nicht blöd – trotz des Pseudonyms.« Von der Redaktion aus Berlin kam mit Blick auf das Schicksal des japanischen Diplomaten der gleiche dringliche Wunsch, und schließlich ging die Prozedur – Umbuchen, Auschecken, Geldrückerstattung, Taxireservierung – mit einer geradezu verdächtigen Leichtigkeit von sich. Schließlich der am orange-violetten Himmel auftauchende und mit jeder Sekunde größer werdende Thai-Airways-Flieger in der beginnenden Dämmerung über dem Rollfeld des Airports von Rangun in Birma alias Myanmar.*

Bangkok, 2. 10. 2007. Dieses Gefühl unermesslicher Erleichterung. Wer spricht von Smog, Verkehrsstau und Chaos in Thailands Megapole Bangkok? Gewiss: Auch hier gibt es Korruption und Armut, auch hier herrscht mittlerweile, wenn auch angeblich nur temporär, die Armee. Was es dagegen nicht gibt, sind Internet-

Blockaden, gekappte Telefonleitungen, herumschleichende Geheimpolizisten und einschüchternd patrouillierendes, mordendes Militär. Was hier, im sogenannten »Sündenpfuhl Asiens«, nicht existiert, sind Massenverhaftungen und Massenfolter, die Obszönität einer allumfassenden Medienzensur. Im Gegenteil: Die *Bangkok Post*, die unter der Elite meistgelesene Zeitung des Landes, fährt nun schon seit Tagen schweres Geschütz gegen die eigene Regierung auf. Weshalb, so fragen Kommentatoren, diese an Komplizenschaft grenzenden diplomatischen Instant-Formeln angesichts der Lage im Nachbarland Birma, wo eine Herrscherclique gnadenlos gegen das protestierende Volk vorgeht?

Herr Zin Linn möchte sich jedoch aus gutem Grund dieser Kritik nicht anschließen. Der Sprecher der birmanischen Exilregierung berichtet statt dessen eher von Problemen mit der vorherigen thailändischen Regierung unter dem vor einigen Monaten gestürzten Premier Thaksin, der mit Birmas Militär auf (wirtschaftlich) äußerst gutem Fuß stand und deshalb auch stets willig war, Druck auf die Dissidenten und Exilanten auszuüben, die sich in Thailand in einem vermeintlich sicheren Hafen wähnten. Das hat sich mittlerweile geändert: Seit die Weltöffentlichkeit auf Rangun und Mandalay schaut, auf das Aufbegehren der Mönche und deren anschließende brutale Verfolgung, erinnert man sich auch wieder an jene, die Birmas eigentliche, legitime Regierung repräsentieren. Nachdem es noch 1988 ein Massaker mit geschätzten dreitausend Toten (und einem Studenten- und Intellektuellen-Exodus nach Thailand) gegeben hatte, erlaubte das Militärregime schließlich dann doch im Mai 1990 die ersten freien Wahlen seit 30 Jahren. Mit 82 Prozent gewann die vereinigte Opposition haushoch, wurde jedoch um ihren Wahlsieg gebracht. Aung San Suu Kyi, die Symbolfigur der Zivilgesellschaft, blieb unter Hausarrest, während viele Politiker der »Nationalen Liga für Demokratie« entweder flüchten mussten oder ins Gefängnis wanderten. Herr Linn etwa war von 1991 bis 1998 inhaftiert, davor hatte er bereits in den achtziger Jahren unter dem Diktator Ne Win im Kerker gesessen. »Damals«, so erinnert sich der schmächtige, höfliche Mann, der mit seinen Mitarbeitern in einem stahltürgesicherten, jedoch gewollt unscheinbaren Büro in einem Bangkoker Vorort arbeitet, »herrschte noch der Kalte Krieg, und die USA unterstützten das Regime, da es, obwohl in seiner Substanz staatssozialistisch, gleichzeitig anti-chinesisch war. Inzwischen aber hat es eine Zeitenwende gegeben, zumindest der Westen braucht keine Diktatoren mehr, und aus diesem Grund befindet sich unser Hauptquartier auch in Washington DC.«

Linn und sein Weggefährte Sann Aung, 1990 frei gewählter Parlamentarier, der freilich seinen Sitz in der Volksvertretung nie einnehmen durfte, sind dabei Realisten, die um ihre Johann-ohne-Land-Position wissen. Selbst im äußerst unwahrscheinlichen Fall eines Regimewechsels wären sie, die mutigen Oppositionellen der ersten Stunde, wohl nur noch Außenseiter: integere, aber inzwischen bejahrte »Gestrige« aus dem Exil. Gerade vor diesem Hintergrund beeindruckt, wie man sich die Situation nicht schönredet, keine die eigene Ohnmacht kaschierende Rhetorik auffährt, sondern statt dessen, ebenso modest wie selbstbewusst, die Rolle eines Kommunikators ausfüllt. Wenn die Welt heute über Oppositionellen-Verfolgung und Zwangsarbeit, über grassierendes AIDS sowie die Verfolgung ethnischer Minderheiten in Birma informiert ist, dann auch aufgrund der Arbeit der »Nationalen Koalitionsregierung« im Exil.

»Am heutigen Mittwochabend stellen wir im Foreign Correspondents' Club in Bangkok unsere Recherchen zu den aktuellen Ereignissen vor, gemeinsam mit anderen Exil-Organisationen und NGO's. Wir gehen im Moment von insgesamt etwa fünf- bis sechstausend Verhafteten aus.«

In die Falle des Übertreibens aus guter Absicht will man dennoch nicht tappen. Die Opposition im Exil kann daher auch die Meldung von jenen zweihundert in Ranguns Vorort Okalapa erschlagenen Mönchen noch nicht offiziell bestätigen. So sorgfältig wie möglich versucht man Gerüchte von Fakten, Plausibles von lediglich Vermutetem zu trennen.»Gleichwohl scheint es glaubwürdig, wenn uns berichtet wird, dass das Regime mit Hilfe von kriminellen Schlägertruppen in Zivil vor allem in den verarmten Vororten der Stadt Jagd auf Mönche und Demonstranten macht. Was wir definitiv bestätigen können, ist die Existenz von Internierungslagern in Rangun selbst. Die ehemalige britische Pferderennbahn, die Umgebung des Insein-Gefängnisses, vor allem aber das Institut für Technologie werden dazu missbraucht, Hunderte Gefangener auf engstem Raum zusammenzupferchen. Wir wissen ebenfalls aus sicherer Quelle, dass es sich dabei nicht nur, wie am Mittwochmorgen bekannt geworden, um Mönche handelt, sondern auch um Nonnen. Die Zahl der Internierten liegt im dreistelligen Bereich.«

Was aber heißt es, in Birma inhaftiert zu sein? Ohne sich in den Vordergrund zu spielen, berichtet Herr Linn am Abend erneut von seinen Erfahrungen in Birmas Gefängnissen, konzentriert und in jeglichem Pathos abholden Worten – obwohl oder gerade weil er von unerträglicher Folter und grausamen Verhören zu erzählen hat sowie von der Einsamkeit, die vielleicht am schlimmsten war. Es ist ungleich mehr als eine hilflose Geste, wenn die einstmals demokratisch gewählten Politiker mir jetzt beim Abschied statt illusionärer Regierungsprogramme stapelweise Broschüren in die Hand drücken, präzise Informationen über politisch motivierte Vergewaltigungen und andere, im Birma dieser Tage gängige Grausamkeiten. Und nein, Herr Linn und seine Mitstreiter, die Aung San Suu Kyi nun bereits seit beinahe zwei Jahrzehnten nicht mehr gesehen haben und sich auf Andrej Sacharow und Vaclav Havel berufen, sind sich nicht zu fein, ausgerechnet *mich* nach meinen Erfahrungen auf den Straßen von Rangun zu befragen.

»Was für eine Ironie, junger Mann! Sich ausgerechnet ›Jacob Glücklich‹ als Pseudonym zu wählen! (…) Und die Demonstranten, sagen Sie, haben Sie vor dem Militär geschützt? Und die Menschen in Deutschland konnten davon in der Zeitung lesen?«

»Wahrscheinlich ist es besser, sich weniger als keine Illusionen zu machen – falls dies möglich ist.« Der hochrangige UN-Mitarbeiter in Bangkok, der gerade als Birma-Experte hier lieber ungenannt bleiben möchte, ist mehr als skeptisch. »Meine Mitarbeiter und ich gehen von einem baldigen Ende des bisherigen Regimes aus. Will sagen: von einem eher blutigen als sanft ablaufenden Ersetzen der alten Garde durch jüngere, etwa fünfzig- bis sechzigjährige Militärs. Der Tabubruch nämlich, der im Stürmen der Klöster und Pagoden und im Verhaften und Ermorden der Mönche liegt, kann in einem so traditionellen buddhistischen Land wie Birma gar nicht überschätzt werden. 1988 wurden ›nur‹ Zivilisten getötet, inzwischen aber hat man sich an der religiösen Elite vergangen. Durchaus wahrscheinlich, dass dies all den Alten um General Than Shwe den Kopf kosten könnte.«

»Und dann?«

Der UN-Vertreter leistet sich nicht einmal ein resigniertes Lächeln. »Dann kämen Leute an die Macht, die sich entweder in Diadochenkämpfen gegenseitig zerfleischen und das ethnisch durchmischte Land in einen Bürgerkrieg stürzen, oder ein neuer ›starker Mann‹ taucht auf, der seinen mit ihm konkurrierenden Kameraden umgehend beweisen muss, dass nur mit ihm die Privilegien der gemeinsamen Kaste bewahrt werden können. Rhetorisches Entgegenkommen gegenüber den Mönchen, plus der in solchen Fällen typischen Entschuldigung für ›manche Fehler in der Vergangenheit‹ und all dies flankiert von weiterer brutalster Unterdrückung der Opposition – so etwa könnte das Szenario der nächsten Zeit aussehen.«

»Und was ist mit Birmas engsten Handelspartnern China und Indien?«

»Die Bevölkerung sollte sich von ihnen nicht allzu viel erwarten. Indien konkurriert mit China im Kampf um birmanisches Öl und Gas. Schon aus diesem Grund wird man sich in Neu-Delhi sorgsam jeglicher Kritik enthalten, während es Peking vor allem um ›Stabilität‹ geht.«

»Was aber, wenn gerade dieser Wunsch Birmas gepeinigte Bevölkerung in Zukunft wenigstens vor den schlimmsten Auswüchsen gesetzloser Willkürherrschaft ein wenig schützen würde?«

Jetzt lächelt der Landeskenner doch ein wenig zynisch. »Gibt es eigentlich im Deutschen auch dieses Sprichwort von der Hoffnung, die zuletzt stirbt? Nun, uns bleibt im Augenblick nur eben dieser Wunsch, dass China das Allerschlimmste verhüten möge. Ausgerechnet China – ist das nicht ein Witz? Im Grunde aber ist es zum Verzweifeln.«

Bangkok, 3. 10. 2007. »Als das Militär ins Dorf kam, flohen die Menschen in den Dschungel. Von dort aus mussten sie zusehen, wie die Armee ihre Häuser anzündete, eines nach dem anderen. Manchmal aber passierte nichts, und es stieg kein Rauch auf. Als sich die Dörfler dann im Schutz der Nacht langsam zurück wagten, traten sie auf die ausgelegten Landminen.«

Nein, Kwehsay Kapotati spricht weder vom Vietnamkrieg noch von den einstigen Gräueln in Pol Pots Kambodscha. Der junge Mann mit dem freundlichen runden Gesicht berichtet vom Birma dieser Tage. Nahezu unbemerkt von der Weltöffentlichkeit führt Birmas Militärregime seit den sechziger Jahren Krieg gegen die im Nordosten angesiedelte Minderheit der Karen. Die mit vier Millionen drittgrößte Minorität im Vielvölkerstaat Birma zahlt damit den wohl größten Blutzoll für ein Regime, dessen Repressalien gegen Studenten und Mönche dagegen ungleich besser dokumentiert ist. Schätzungen gehen von 100.000 bis 150.000 nach Thailand geflüchteten Karen aus – das ist immerhin die Hälfte aller Birma-Flüchtlinge. Kwehsay Kapotati war dreizehn Jahre alt, als ihm und seinen Eltern die Flucht über die thailändische Grenze glückte.

»Wir dachten damals, wir hätten es geschafft. Dann aber brachte man uns in eines der völlig überfüllten Flüchtlingslager, wo es oftmals nur eine warme Mahlzeit pro Tag gab – und auch dies nur dank der Anwesenheit internationaler Hilfsorganisationen.«

Zehn Jahre, von 1985 bis 1995, verbrachte die Familie in diesem Camp fünf Kilometer hinter der Grenze, ohne Arbeitserlaubnis oder die Genehmigung, sich an einem Ort freier Wahl anzusiedeln. »Es war ein Alptraum«, sagt der studentisch wirkende 35jährige mit dem Pferdeschwanz und der Nickelbrille und bricht dann in jenes Kichern aus, das westliche Besucher soft als Ausbruch von Heiterkeit missverstehen. Statt dessen: Scham, Unbehagen, Trauer um gestohlene Lebenszeit.

»Und was haben Sie in dieser Zeit getan?«

»Eine Wahl getroffen«, sagt Herr Kapotati. »Es war durchaus möglich, die schlampige Ignoranz der Thais mit der Brutalität der birmanischen Armee gleichzusetzen und sich im Status des gedemütigten Flüchtlings, des ewigen Opfers einzurichten oder aber Englisch zu lernen, zum Beispiel. Sich im Lager als Autodidakt fortzubilden und irgendwann heimlich zurückzugehen.«

»Nach Birma?«

»In mein Dorf. Um zu sehen, dass seit unserer Flucht alles noch schlimmer geworden war. Dass die Armee den Transport von Nahrungsmitteln unterband, um die Bevölkerung in der Provinz für ihre Unterstützung der Opposition zu bestrafen. Dass sie Menschen prügelte, zur Zwangsarbeit in andere Landesteile verschleppte oder sie in Lagern tötete, die Frauen vergewaltigte…« Er macht eine Pause. Der Mann, der mit einer Handvoll Kollegen im überschaubaren Hinterhof-Büro der vor nunmehr 17 Jahren gegründeten *Birma Issues* sitzt, weiß genau, wie der internationale Medien-Mechanismus funktioniert: Volle Aufmerksamkeit für die beiden großen Städte Rangun und Mandalay, stündlich neue Nachrichten – oftmals aufgrund der fortgesetzten Internetblockade aber auch nur unbestätigte Gerüchte – jedoch kaum Interesse an einem Krieg gegen sein Volk, der weder im September begann noch jetzt im Oktober enden wird.

Lächelnd greift er nach einem Artikel in der heutigen *Bangkok Post*, welcher die internationale Internet- und Blogger-Community nicht gerade im besten Licht erscheinen lässt. »Schauen Sie mal:

Birma ist bereits wieder aus den Top-Schlagzeilen und den am häufigsten angeklickten Blogs verschwunden. Britney Spears hat in den letzten Tagen enorm aufgeholt ...«

Wir sitzen in einem heißen Raum unter dem träg rotierenden Ventilator, hinter uns eng bestückte Bücherregale mit Literatur zur Unterdrückungsgeschichte der hauptsächlich buddhistischen, aber auch animistischen Karen, während hundert Meter weiter bereits wieder Bangkoks hektisches Highlife auf Touren kommt. Als wäre es eine andere Welt, lockt da die weltberühmte Silom Road mit ihren Massagestudios, »Starbuck's Cafés« und Straßenmärkten mit neongrellen Bars und Anmach-Discotheken. Und Kwehsay Kapotati, der im Jahre 1995 aus dem schützenden Dschungel heraus mit ansehen musste, wie sein eigenes Vaterhaus in Flammen aufging? Ist weit entfernt davon, in kulturkritisches Lamento auszubrechen und gar den individuellen Hedonismus für alles verantwortlich zu machen. »Okay, man könnte sagen: Diese Idioten. Tanzen und saufen und f...n, während andere sterben. Klar. Ich weiß allerdings auch eines: Die eingeschüchterten Menschen in Birmas Dörfern, die auseinandergerissenen Familien und verzweifelten Flüchtlinge befinden sich nicht aufgrund der Lauheit westlicher Touristen in dieser Vorhölle. Dabei wissen die Opfer nicht einmal genau, wer die Täter sind. Unsere Organisation versucht deshalb die Leute darüber aufzuklären. Wo, wann und wie lange hat ein Übergriff der Militärs stattgefunden, in welche Richtung sind die Lastwagen mit den Verschleppten davon gefahren? Sie dürfen nicht vergessen, wir haben es dort größtenteils mit Analphabeten aus der Provinz zu tun, nicht mit eloquenten Akademikern. Viel Zeit ist vergangen, bis diese Leute ihre Angst und ihr Misstrauen überwunden hatten und unseren heimlich über die thailändische Grenze zu ihnen gekommenen Mitarbeitern die nötigen Informationen übermittelt, bis sie begriffen haben, dass Bulletins, Newsletter, Videos und Pressekonferenzen nicht etwas sind, das sich spleenige Städter bloß ausdenken.«

Der Aktivist, der in jungen Jahren noch davon geträumt hatte, sich den inzwischen versprengten Kräften der »Karen National Union« (KNU) anzuschließen, um mit der Waffe in der Hand gegen die Unterdrücker zu kämpfen, ist heute von der Effizienz gewaltlosen Widerstands überzeugt. Was nämlich wäre schon ein gewonnenes Dschungel-Scharmützel, für das letzten Endes doch nur wieder die Zivilbevölkerung bezahlen müsste, gegen die erfolgreichen Strategien, die die Minderheit der Karen ins Licht der öffentlichen Wahrnehmung bringen? Für die Verbindung zu UN-Diplomaten sorgt die in New York ansässige Partnerorganisation »Witness«, aus Deutschland kommt Hilfe in Gestalt von projektbezogenen Spendengeldern von »Brot für die Welt« und »Misereor«. Anstatt aufgeblähter Workshops und politisch korrekter Frauenquote zum Bauchmietzeln internationaler Großspender setzt man bei *Burma Issues* eher auf *grassroots*, um die Menschen vor Ort materiell und seelisch zu stärken, sie von einem namenlosen Kollektiv zu unterscheidbaren Individuen zu machen.

»Ich hoffe«, sagt Kwehsay Kapotati zum Abschied, »Ihnen eines Tages auch andere Bilder zeigen zu können. Zur Zeit sind es aber vor allem die Fotos von Verschleppten und Verschwundenen, die wir in die Welt hinaus schicken in der Hoffnung, ihnen so vielleicht das Leben zu retten. Gleichzeitig aber betreuen unsere Leute – wir sind ja nur eine kleine Organisation mit sechzig Mitarbeitern – Kinder in den thailändischen Flüchtlingscamps, wo wir zum Beispiel Malkurse organisieren. Ich glaube«, und in diesem Moment beißt sich der junge Mann auf die Lippen, um seiner Bewegung Herr zu werden, »ich glaube fest daran, dass all dies stärker ist als Mordwaffen und Terror. Eines Tages, ganz bestimmt. Bis dahin aber kommt es darauf an, so präzise wie möglich zu dokumentieren, was mit uns geschieht. Oder Kinder Bilder malen zu lassen, deren vollständiger Mangel an Naivität Sie womöglich schockieren würde.«

Undercover.
Selbstprüfung eines ›Sonderkorrespondenten‹

Oktober 2007. Es ist aufregend urban, es ist global und verschafft Dir einen Bedeutsamkeitskitzel, in welchem für die Ethik wie für anmaßende Eitelkeit gleichermaßen Platz zu sein scheint: Am späten Nachmittag des 2.Oktobers 2007 in einer Buchhandlung auf Bangkoks Silom Road *Die Welt* vom Vortag kaufen und auf Seite 1 die eigene, unter Pseudonym geschriebene Reportage über die Proteste in Birma lesen. *Von unserem Sonderkorrespondenten in Rangun.* Und Du, vor anderthalb Wochen siebenunddreißig geworden, erinnerst Dich jetzt, wo Du mit der Zeitung in ein nahegelegenes Trottoir-Café gehst und auf den sich ankündigenden Nachttrubel schaust, auf das Gewühl von Travellern und Sextouristen, schwalbengleich anfliegenden Mopedfahrern und T-Shirt- oder DVD-Händlern, von Huren und *moneyboys*, Du erinnerst Dich an Deinen kurz zuvor in Nizza verbrachten Geburtstag, eine Idylle zu zweit wie seit nunmehr dreizehn Jahren an wechselnden Orten dieser Welt, nippst an Deinem *Singha*-Bier, und denkst: rausgekommen – na bitte – im Mai 1989 die Ausreise aus der DDR, und nun dieser Thai Airways-Flug aus dem militärdurchkämmten Rangun, nachdem alle Texte geschrieben und schweißtreibend genug aus dem Land geschmuggelt worden waren – der allerletzte, eine Art Resümee, der Ressortsekretärin im fernen Berlin dann schon wieder per Handy diktiert, das wundersamerweise seit der Landung in Bangkok funktionierte, auch wenn die Touristenschlange vor dem Einreiseschalter etwas unwillig war, Deinen mäandernden Schriftsteller-Reportersätzen mit penibel angegebenem Komma, Doppelpunkt und Semikolon folgen zu müssen, dem Buchstabieren der wichtigsten Namen.

Deine Knie schon längst nicht mehr zitternd, nur noch ermattet, dazu diese lächerlich unangemessene, eskapistische Große-Jungen-Bangkok-Vorfreude, und bei all dem jenes längst vertraute Gefühl: wieder mal entronnen. Entronnen jenen brüllenden Stasi-

Leuten einst im Kreisratsgebäude im sächsischen Rochlitz ebenso wie den Geheimdienstlern, die gestern Zimmer 1809, *Dein* Zimmer im »Traders Hotel« in Rangun, durchsucht hatten, gar nicht zu reden von den mordlüsternen Gesellen in grüner Tarnuniform mit rotem Halstuch, die Dich zwischen Sule Pagode und Rathaus herrisch herangewinkt hatten, während die Passanten ringsum die Beinkleider ihrer *longyis* rafften und in langsamer, aber beunruhigend konzentrierter Bewegung das Weite suchten, Dich, Gewehrläufe in Höhe Deiner Schienbeine gerichtet, heranzitierten, während Du ihnen in der nach verfaulenden Früchten riechenden Mittagshitze mit strahlendem Lächeln entgegengingst, Deinen »Lonely Planet«-Reiseführer auf der Doppelseite mit den Pagodenfotos aufgeschlagen, und treuherzig den Chef der nervösen Truppe nach den Öffnungszeiten fragtest, bis Du, erstaunlich ruhig in diesem Moment möglicher Gefährdung, bei ihm das erhoffte verächtliche Lächeln wahrnahmst: Westlicher Traveller-Idiot, geh nach Hause, hier nämlich wird geschossen. Enorm befriedigend, dieses Gefühl, und dazu die angemessene Portion demokratischer Entrüstung angesichts all der in den vergangenen Tagen erlebten Dinge, Herr Sonderkorrespondent, jetzt an diesem Bangkoker Nachmittag …

Geht also die Flucht ins routinierte Erinnern so schnell, in moralisierenden Autismus und ein fühlloses Fühlen, dem noch jedes unerwartete Ereignis zum passablen Baustein des eigenen Entwicklungsromans wird, der freilich auch eine ganz banale Seifenoper sein könnte? Was aber, wenn es gar nicht so wäre und selbst die Eitelkeit noch etwas anderes camouflieren müsste? Du denkst dir Strategien aus, Wege, mit dem Gesehenen und Erlebten umzugehen; Sackgassen. In Wahrheit nämlich bist Du völlig erschöpft und noch immer Gefangener Deiner eigenen Ohnmacht angesichts der als Armeelager missbrauchten Pagoden, der Schlagstöcke und Feuerwehrschläuche, der Karabiner und Maschinenpistolen, des unentwegten Rollens der Militärlastwagen durch die Straßen von Rangun, der Gesichter der panisch zurückweichenden Demonstranten. Was also tun? Weiter Informationen sammeln, hier im freien Bangkok? Dabei machst Du ja im Moment gar nichts anderes: Internet-Surfen, Telefonate, E-Mails, Besuche bei birmanischen Exilanten und Oppositionellen, Reportagen und Artikel. Oder wie wäre es mit Ideologiekritik, der guten alten, anhand des Realsozialismus so versiert geschulten? Ließe sich nicht bei bleistiftgenauer Lektüre der grauen Seiten jenes *New Light of Myanmar* irgendeine »Idee dahinter« aufspießen, eine womöglich pervertierte Utopie, der man anschließend mit dem Begriffsbesteck des Antitotalitarismus zu Leibe rücken könnte? Ließe sich nicht, könnte man nicht. Was die Staatszeitung mit dem gewollt nichtverführerischen Layout Tag für Tag den Lesern vorknallt, macht sich nicht einmal die Mühe gewiefter Rabulistik. Stattdessen eingerahmte und unveränderte Slogans à la »Der Wunsch des Volkes: Wir wollen Stabilität. Wir wollen Frieden« oder »Watch out BBC and VOA (Voice of America; MM) saboteurs!!!«. Selbstverständlich mit drei Ausrufezeichen. Es sei denn, dass jenes seit Jahren ebenfalls unveränderte »VOA und BBC airing skyful of lies« als eine Art tropenfaschistischer Variante des Surrealismus durchginge, die wiederum selbst jener »Himmel voller Lügen« wäre. Glasperlenspiele, Sujets für zynische Hotelbar-Konversationen, jeden Abend ab neun Uhr, wenn die Ausgangssperre alle Ausländer in ihre Unterkünfte zurücktreibt und die berühmte Gleichzeitigkeit des Ungleichzeitigen geradezu physisch Gestalt annimmt: Mojito und Cuba Libre an der glasierten Holztheke im dritten Stock, während unten vor dem Hotel erneut Militär aufgezogen ist, um möglichen Demonstranten die Konsequenzen versuchter Kontaktaufnahme vorzuführen; ein Fernsehapparat an der Decke über den ledernen Bar-Sesseln, CNN mit Mutmaßungen aus Bangkok und verwackelten Handy-Bildern aus Rangun, während die freundlichen Kellner all dies mit offensichtlicher Sympathie betrachten, aber dennoch nicht müde werden, Dich nach dem Grunde Deines Hierseins zu befragen, hier in dieser kleinen Runde weiterer Gäste, die sich gegenseitig bereits halblaut als

Journalisten geoutet haben, mitunter in frustriertes Lachen ausbrechend, ein Bier ordernd und dann noch eines. Doch auch da täuschte der erste Eindruck, ging es – allen Binsenweisheiten einer selbstgerechten Medienkritik zum Trotz – nicht allein um das Thema »Ich & die Story«, »Ich, Reporter in diffuser Gefahr«. Statt dessen kollegial ausgetauschte Informationen, Vermutungen und Gerüchte über die Menschen da draußen, in den Nächten von Rangun, und über ihr Schicksal, wenn in den Stunden der Stromsperre wieder die Wagen der Armee und der Geheimpolizei unterwegs sein werden, um Razzien abzuhalten, Mönche aus ihren Pagoden zu schleifen, Städter aus ihren Wohnungen. Diese Wut, dennoch nichts Konkretes darüber berichten, keinem von ihnen helfen zu können.

Also dann doch lieber, mit der Genugtuung, immerhin soviele Zeitungssätze wie möglich auf verschlungenen Wegen aus dem Land in die »Welt« hinaus gebracht zu haben, dieses Bangkoker Tändeln mit dem eigenen Narzissmus? Praktikabel allenfalls für ein paar Nachmittagsstunden.

Abends aber, im rhythmisierten Lichterzucken der »DJ Station«, geht es wieder los: Was machst Du eigentlich unter all diesen Leuten hier, kreischenden, tanzenden, lachenden, sich anbaggernden, trinkenden und kettenrauchenden Touristen und Einheimischen, gutgelaunten Schwachköpfen, die ... Wie gut, dass Dir just in diesem Moment Brecht einfällt: »Der Lachende / Hat die schreckliche Nachricht / Nur noch nicht vernommen.« Gleichzeitig aber hörst Du, durch das Dröhnen der Techno-Beats hindurch, die peinigende Intonation dieser apokalyptischen Besserwisser-Verse, unsterblich geworden in der krächzenden Stimme Ernst Buschs: *Der La-chen-de ... ver-nom-men*. Kulturkritik zum Nulltarif ist das, mein Lieber, Missbrauch Deiner Ranguner Erinnerungsbilder zum Distinktionsgewinn, pure Hoffart – und darüber hinaus denkbar unfair: Glaubst Du wirklich, jene Junta da in Birma würde aufhören zu prügeln und zu schießen, wenn man sich in Bangkok nicht mehr amüsieren würde?

Und dennoch. Du meidest Blickkontakte, denkst an diejenigen, die Dich vor ein paar Tagen, am letzten Septembersamstag des Jahres 2007, an der Anawratha Street vor den vorrückenden Militärs versteckt hatten, obwohl sie doch selbst des Schutzes bedürftig waren, denkst an sie und magst Dir ihr jetziges Schicksal gar nicht ausmalen, stierst vor Dich hin, lässt die Britney Spears- und Beyoncé-Songs an Dir vorbeirauschen, antwortest auch nicht auf die erwartbare Bangkok-Frage »In Dein oder mein Hotel?«, hockst plötzlich in einem Kokon aus Einsamkeit, das Nicht-Vermittelbare wie ein Kloß, eine scharfkantige, unerfüllbare Forderung in Deinem Inneren, und dann kommen auch schon die Tränen. Wie sie Dich in Hauseingänge, kleine Läden und Teestuben gezogen haben, sobald sich eine Militäreinheit von ihrem Standort aus in Bewegung setzte, um – Knüppel gezückt, Gewehrläufe waagerecht – die Demonstranten zu jagen, die sich daraufhin panisch in Sicherheit zu bringen suchten und auch Dich dabei nicht vergaßen! Was ist wohl aus ihnen geworden, den Menschen mit den freundlichen, besorgten Gesichtern, den Augen, die sofort Dein kleines Notizbuch erspäht hatten, den »hilfreichen Händen« von der Montagsschlagzeile auf Seite 1? Was, Herr Sonderkorrespondent, was? Und was, da wir ja nun schon einmal hier auf diesen Barhocker sitzen und Gewissensforschung betreiben mit Blick auf den Dancefloor, was wäre, wenn selbst Deiner Bestürzung noch etwas Entlastendes innewohnte?

Was, wenn Claude Lanzmans Gebot »Du sollst nicht weinen« genau den Punkt treffen würde, Warnung vor jener emotionalen Selbstberuhigung, welche die Tränen schenken, paralysierend verliebt in die eigene Schwäche? *Du sollst nicht weinen ...* Doch statt dessen? Vielleicht könntest Du es ja einmal, fern aller Posen, mit Vertrauen versuchen, Vertrauen in das, was Du gesehen und beschrieben hast. Erinnere Dich an die Ruhe von Herrn Linn, Pressesprecher der birmanischen Exilregierung, jener im März 1990 um ihren Wahlsieg von 82 Prozent gebrachten und nach Thailand verjagten Demokraten, die nicht mit Rhetorik wettmachen, was ihnen an Einflussmöglichkeiten fehlt. Erinnere Dich an das klare »Wir können bestätigen, dass es in Rangun gegenwärtig Internierungslager gibt, zum Beispiel auf der ehemaligen englischen Pferderennbahn«, denke an das skrupulöse »Massenmorde des Regimes an Mönchen halten wir für vorstellbar, verfügen jedoch augenblicklich über keine gesicherten Erkenntnisse«. Bewahre das Bild dieses würdigen alten Mannes, der Dir erst auf Nachfrage von insgesamt acht Jahren Haft in Birmas Kerkern erzählte. Oder denke an das schmerzliche Lächeln des Herrn Kwehsay, dessen Menschenrechtsorganisation gleich hier in der Nähe, auf der anderen Seite der Silom Road, ein kleines Büro unterhält, wo man Dir vom Schicksal der ethnischen Minderheit der Karen erzählt, seit Jahren vom Regime unterdrückt, die Männer zur Zwangsarbeit herangezogen, die Frauen vergewaltigt, die Hütten im Dschungel im Osten Birmas angezündet, die Wege mit Landminen unpassierbar gemacht.

Erinnere Dich! Lass die Larmoyanz und die Fragerei über mögliche und unmögliche Ideologiekritik, denn Tatsache ist nun einmal, dass Du am Tage Deines Abflugs in einem Zeitungsladen am Flughafen Tegel die PDS-nahe *Junge Welt* durchblättert hast, wo eine »Myanmar-Expertin« die Friedensnobelpreisträgerin Aung San Suu Kyi des Unverständnisses der Landesmentalität zieh und die china-nahen Raubrittergeneräle als quasi letzte Bastion gegen die kapitalistische Globalisierung darstellte. Vergiss auch nicht jene zwei deutschen Geschäftsleute im Hotelrestaurant mit ihren Klagen über die vermeintlich »skandallüsterne Journalistenmeute«, über das »Demokratiegedöns von außen«, wo doch die Leute in Birma lediglich »ein bissel bessere Lebensqualität« wünschten und »jeden Tag einen vollen Reistopf«. Merke Dir diese Worte, ihren Kulturrelativisten-Slang, ihre brutale Gschaftlhuber-Heuchelei.

Und zum Schluss – weshalb solltest Du Angst vor irgendwelchen Missverständnissen haben? – denk an die zwei jungen, wahrscheinlich indischstämmigen Männer, die Dich im Gewühl eines der Verstecke, hinter einem Scherengitter, während draußen auf der Straße die Behelmten in breiter Angriffsfront vorrückten, anzufummeln begannen, in einer Mischung aus Kameraderie und Todesfurcht. Ausgerechnet da? Ausgerechnet da. Nenn' es Kompensation oder Aufbegehren der Lust, nimm Zuflucht zu Deinem Lieblingsbegriff von der Gleichzeitigkeit des Ungleichzeitigen, aber verschweig es nicht aus falscher Pietät, denn vielleicht sind ja auch sie schon verhaftet, gefoltert oder gar tot. Erinnere Dich an ihr wagemutiges Lächeln und ihre beinahe schon schelmischen Entschuldigungsgesten, als Du fassungslos den Kopf schütteltest und stell Dir vor, dieses Lächeln sei letztlich stärker als die tumbe Mimik der Macht. Wenn schon eine Illusion, Herr Sonderkorrespondent, dann diese.

» Was auch immer geschieht, du musst flexibel sein.«
Wie zwei Brüder mit ihrer Zeitschrift
Birmas Militärregime das Fürchten lehren

Chiang Mai, November 2007. Es waren einmal zwei Jungen, die tauchten immer wieder in der Bogyoke Aung San Road von Birmas Hauptstadt Rangun auf. Die Verkäufer all der unzähligen, eselsohrigen Second hand-Bücher, die hier unter Arkaden und in pittoresk verfallenen Ladenzeilen auf Kunden warteten, kannten die beiden bald sogar mit Namen: Aung Zaw und der drei Jahre jüngere Kyaw Zwa Moe. »Es war Mitte der achtziger Jahre, und noch herrschte der sozialistische General Ne Win, der sich 1962 an die Macht geputscht hatte. Und weil es eine strikte Zensur gab und all die Bücher, von denen wir abends in den Sendungen der BBC gehört hatten, in Birma verboten waren, mussten wir uns mit Antiquarischem zufrieden geben. Von Orwell aber statt ›1984‹ nur das kolonialismuskritische ›Tage in Burma‹, dafür jedoch alles von Karl Marx. Den lasen wir dann, da es ja nichts anderes gab, sozusagen gegen den Strich, was dennoch mühsam blieb.«

Heute ist Aung Zaw 39 Jahre alt und Herausgeber von Birmas bekanntester Exilzeitschrift *The Irrawaddy*, benannt nach dem mächtigen Strom, der bei Rangun in den Indischen Ozean mündet. Sein Bruder Kyaw Zwa Moe, Chefredakteur des im nordthailändischen Chiang Mai ansässigen Magazins mit insgesamt dreißig festangestellten Mitarbeitern, lächelt freundlich, während er den Erinnerungen des Älteren zuhört. Sympathisch gelassen an ihren Schreibtischen des mit halbhohen Wänden abgeteilten Redaktionsraums sitzend, wirken beide mit ihrem seidenschwarzen Haar und dem schütteren Oberlippenbärtchen beträchtlich jünger und könnten auch frischgebackene Absolventen einer südostasiatischen oder amerikanischen Universität sein. Eine Aufsteigergeschichte also? Aung Zaw fährt fort: »Ich hatte Glück. Sie haben mich nur eine Woche lang gefoltert. Während der Studentenproteste von 1988 haben sie mich als sogenannten ›Aufrührer‹ vom Campus weg verhaftet und für sieben Tage ins Insein-Gefängnis gebracht, in dem Anfang des 20. Jahrhunderts Orwell Dienst getan hatte, der damals übrigens noch Eric Blair hieß. Ist das nicht seltsam? Ich kam jedenfalls bald wieder frei und nahm dann an den folgenden Protesten teil, in deren Verlauf das Regime über dreitausend Menschen niederschoss oder erschlug. Doch wieder hatte ich Glück und konnte noch im September '88 aus Rangun nach Thailand fliehen. Für Kyaw aber war es schlimmer.«

Kyaw Zwa Moes Zögern, sofort über Privates zu sprechen, ist kein rhetorischer Kunstgriff. »Gewiss ... Aber erst einmal die Neuigkeiten: Diese Woche wurde unsere tägliche Internet-Ausgabe weltweit 12 Millionen Mal angeklickt. Während der Tage Ende September, als das Regime die Proteste der Mönche und Zivilisten niederschlug, waren es sogar 33 Millionen gewesen.

Die Militärjunta musste ziemlich wütend gewesen sein, denn ihre Computer-Hacker legten uns schließlich lahm. Allerdings auch nur für zwei Tage, während derer uns weiter die Menschen aus Birma heimlich anriefen und uns mit Informationen aus erster Hand versorgten.«

In der Tat wüsste die Weltöffentlichkeit kaum etwas über die Vorgänge im Inneren der abgeschotteten Diktatur, gäbe es *The Irrawaddy* nicht, das vor anderthalb Jahrzehnten als hektographiertes, vierseitiges Bulletin begann, geschrieben in einem fensterlosen Raum in Bangkok an einem schadhaften Computer – der ersten Spende, die Aung Zaw von einem befreundeten westlichen Journalisten erhalten hatte. Heute können sich die monatlichen Cover des vierzig Seiten starken Magazins in ihrer Professionalität nicht nur mit denen von *Newsweek* oder *Time* messen lassen – eine gerahmte Bildergalerie über den Köpfen der Brüder zeugt von ausgeprägtem medienästhetischen Gespür – auch die in angelsächsischer Rercherche-Tradition geschriebenen Undercover-Reportagen, die Fotostrecken und Insider-Analysen zählen längst zur Pflichtlektüre für Birma-Kenner. »Obwohl wir nur eine gedruckte Auflage von 3000 Exemplaren pro Monat haben, lesen uns die sogenannten ›Multiplikatoren‹: Politiker, UN-Gesandte, Diplomaten, NGO- und Menschenrechtsvertreter, dazu Top-Leute aus der Wirtschaft, die wissen wollen, wie die Junta von Gas über Öl bis zu Teakholz und Heroin alles verhökert, was ihr Geld und damit Macht sichert.«

Wenn Kyaw Zwa Moe spricht, dann ohne Eifern, ja nicht einmal mit Zorn in der Stimme. Ist das der Mann, den es ungleich schlimmer getroffen hatte als seinen Bruder? Dem die Militärs acht Jahre seines Lebens genommen hatten, der 1991 im Alter von 19 Jahren nach einer Demonstration zu Ehren der Friedensnobelpreisträgerin Aung San Suu Kyi verhaftet, gefoltert und – wie zuvor bereits sein älterer Bruder – ins berüchtigte Insein-Gefängnis gesteckt wurde? »Wer in der Zelle mit einem Zettel oder einer Bleistiftmine gefunden wurde, dem drohten Schläge, Nahrungs- und Schlafentzug. Sie wussten, dass ich dem Regime kompromisslos gegenüberstand, deshalb wurde ich nach dem berüchtigten Paragraphen 5 J verurteilt. Die Dauer der Haft sollte mein Gehirn so leer machen, dass ich mit 27 Jahren dann eine Art Zombi geworden wäre.« (Wie sich die Geschichten gleichen: Der Schriftsteller Jürgen Fuchs notierte in seinen »Vernehmungsprotokollen«, was ihm sein Stasi-Verhörer 1976 in Ostberlin prophezeit hatte: »Und das gebe ich Ihnen schriftlich, Freundchen. Sollten Sie hier je wieder rauskommen, werden Sie vor Hass nur so sprühen und daran ersticken. Uns soll's nur recht sein.«) Als Kyaw Zwa Moe schließlich 1999 in Chiang Mai im thailändischen Exil ankommt, rät ihm nicht nur sein Bruder zu mehrmonatiger Ruhe. »Ich sagte ja, tat aber dann doch das Gegenteil. Mitgefangene hatten mir in der Zelle Englisch beigebracht, manche von ihnen, die früher entlassen worden waren, traf ich nun hier in Chiang Mai, dem Zentrum der Exil-Birmesen, wieder. Deshalb wollte auch ich etwas tun und begann zu schreiben, als Kolumnist für *The Nation* in Bangkok ebenso wie für *The Irrawaddy* meines Bruders, der inzwischen weltweit Institutionen gefunden hatte, die unsere Non-Profit-Arbeit finanziell unterstützen.«

Man müsste wohl lange in der oft eher aus historischen Fußnoten bestehenden Geschichte der Exilpublizistik suchen, um ein ähnlich erfolgreiches Projekt zu finden. Trotz aller Pressionen mitunter auch von Seiten der Thai-Regierung hat *The Irrawaddy* es nämlich geschafft, nicht nur zur Stimme der Unterdrückten, sondern auch zum Stichwortgeber und zur seriösen Quelle nahezu aller Berichte zu werden, die in der Weltpresse über Birma erscheinen. Ist es vielleicht der bei allem Engagement sachliche Ton, die wohltuende Abwesenheit großsprecherischer Kommuniques, mit der Exilgruppen allzu oft ihre mangelnden Einflussmöglichkeiten kaschieren und einem sektiererischen Autismus verfallen? Kyaw Zwa Moe lacht. »Natürlich ist es das! Übrigens hat es uns eine Menge Kritik eingetragen, als wir uns als Redakteure selbstverpflichteten, keiner politischen Exilgruppe angehören zu dürfen. Das hat uns gleichzeitig aber internen Zwist erspart und dazu unzählige Menschen aus Birma ermutigt, mit ihren Informationen zu uns zu kommen. Inzwischen berichten uns selbst Familienangehörige hoher Militärs auf verschlungenen Wegen aus dem Inneren dieses dunklen Zirkels. Sie würden das wahrscheinlich nicht tun, wenn sie sich nicht absolut auf unsere Professionalität in puncto Quellenschutz verlassen könnten.«

Die Fenster des Redaktionsraums in der zweiten Etage des weißgestrichenen Gebäudes am Rande von Chiang Mais Altstadt sind weit offen, von der Straße dringt das ewige Knattern der Tuk-Tuk-Taxis und Motorräder nach oben. Fürchten die beiden Brüder nicht eine weitere Attacke des Regimes, Diebstahl von Dokumenten oder gar körperliche Angriffe? »Das trauen sie sich nicht. Dafür ist es jetzt zu spät. Denn alles, was sie eventuell tun könnten, würde schon in den nächsten Stunden im Internet weltweit publik werden. Und Spione einzuschleusen ist schwierig bei Menschen, die Haft und Folter gelehrt haben, dem Anderen in die Augen zu schauen.« Und all die gestohlene Lebenszeit? Der Stipendiaten-Aufenthalt später in den Vereinigten Staaten, all die netten und entspannten Menschen in San Francisco, die dennoch niemals nachfühlen könnten, was einst jenem geschah, der ihnen da jetzt zufällig entgegenkommt an der Fisherman's Wharf oder am Russian Hill, frei und doch allein? Kyaw Zwa Moe atmet tief durch. Überlegt, schweigt. »Ja. Sicher. Aber die Herausforderung besteht darin, weder zu hart noch zu weich zu sein, sondern jene Flexibilität zu bewahren, die *sie* uns hatten nehmen wollen. Sich nicht in seine Erinnerungen einsperren zu lassen und dennoch nichts zu vergessen, diese Art Balance. Niemand sagt, dass es leicht ist, aber was ist schon leicht im Leben?«

Der Leonard Cohen von Bangkok und andere Rätsel
Auf der Suche nach dem, was Thailand zusammenhält

Das Haar ist passend zum Dreitagebart rasiert, Muskel-Shirt und Stretch-Jeans sind aufeinander abgestimmt, nur die knallgelben Schuhe scheinen provozieren zu wollen. Auf die Frage nach seinem Geburtsjahr antwortet Prabda Yoon, Thailands bekanntester Jungautor, Zeichner, Songwriter und Inhaber eines eigenen Avantgarde-Verlagshauses, »Wie in diesem James-Blunt-Song.« Na klar: *Nineteen seventy-three*. Die rauchige Großstadt-Melancholie seiner eigenen Lieder scheint dagegen eher von Leonard Cohen inspiriert, den er neben den Beat-Poeten der sechziger Jahre und den Romanciers der klassischen Moderne wie Joyce und Faulkner als Vorbild nennt. Wir sitzen in einem kühlen »Starbuck's-Café« in einer Nebenstraße von Bangkoks hektischer Silom Road, draußen vor der breiten Fensterfront Garküche an Garküche, schwitzend vorbeiziehende tätowierte Unterhemd-Traveller aus aller Welt, und der Motorlärm der zahlreichen Tuk-Tuks hier drinnen kaum noch hörbar. Prabda lächelt nicht permanent, wenn er spricht, auch fehlt das Verlegenheitskichern. Das freundlich-distanziert wirkende Multitalent hat elf Jahre in den Vereinigten Staaten zugebracht und fühlte sich nach seiner Rückkehr in Thailand anfangs fremd. »I'm Mr. Passerby«, heißt einer der Songs auf der CD seiner »Typhoon Band«, die er mir zum Abschied schenkt. Ironischerweise wird er – der am westlichsten anmutende Gesprächspartner auf dieser Reise – derjenige sein, der sich am meisten zurückhält und mit dem Verweis auf die reine Kunst Kommentare zum Politdschungel der thailändischen Gesellschaft tunlichst meidet.»Natürlich sehen manche das anders. Ich meine, wenn du wie Ing, Supinya oder gar Rosana bist, dann gerätst du automatisch in Schwierigkeiten.«

Stets scheint sich hier etwas hinter dem oberflächlich Wahrnehmbaren zu verbergen: eine fragile Stabilität hinter dem Tohuwabohu oder aber auch Prekäres und Bedrohliches hinter der lächelnden Fassade eines mehr oder minder demokratisch verfassten Touristenparadieses: Die freie Parlamentswahl etwa, die im Jahre 2001 dem Multi-Milliardär Thaksin eine satte Mehrheit verschafft und ihn überraschenderweise gleichzeitig zum Liebling der hauptstädtischen Geschäftsleute und bettelarmen Bauern im Norden gemacht hatte. Der Mann, der in Thailands traditionell königsnaher Kungelpolitik und Militärputschgeschichte eine Ausnahmeerscheinung darstellte mit seinem Versprechen, das gerade mehr schlecht als recht von der Finanzkrise von 1997 genesende Land wie der Topmanager eines Unternehmens zu führen – als moderner Autokrat, dem dabei freilich weniger ein Demokratieversprechen als vielmehr das boomende Singapur vorschwebte. Ein Steuerhinterzieher in selbst für thailändische Verhältnisse gigantischem Stil, war er als Medienmogul zwar Gegner der Pressefreiheit, blieb aber dennoch recht lange bei allen beliebt, die sich von Militärs und konservativen Royalisten jahrzehntelang an den Rand gedrängt gefühlt sahen.

Wer also waren die Menschenmassen, die ich bereits im April 2006 so lautstark im Namen der Demokratie gegen den sich in Verfassungsfragen selbstherrlich verheddernden Premier demonstrieren sah, wer instrumentalisierte sie womöglich? Woher kamen die vielen »Thaksin-Hitler«-Plakate, die gratis verteilten Thaksin-Frankenstein-T-Shirts? Und die gelben Stirnbänder der Demonstranten – verkündeten sie nicht weniger Bürgerprotest als vielmehr die farbsymbolische Loyalität zum Königshaus? Dabei wirkte alles eher volksfestartig mit den mitgebrachten Sitzdecken für ganze Familien, den für zehn Baht verkauften Bierdosen und jenen selbstgemalten Plakaten, die vor »Singapore-Capitalism« warnten. »Das ist nur die halbe Wahrheit«, hatte damals ein thailändischer Freund gesagt. »Tatsache ist, dass Thaksin sein Milliardenvermögen unter Familienangehörigen und Bekannten so aufgesplittet hat, dass ihm niemand mehr Interessenkonflikte nachweisen kann – sogar seine Putzfrau ist demnach Unternehmerin. Sein Telekommunikationsunternehmen Shin haben diese Leute dann nach Singapur verkauft, und zwar an die staatliche Investmentfirma Temasek. Dafür haben sie 1,9 Milliarden Dollar – *Milliarden!* – eingesackt, jedoch keinen Cent Steuern bezahlt. Kein Wunder, dass die Mittelschicht inzwischen empört ist. Mit Kapitalismus hat das jedoch alles nichts zu tun. Wenn du dich umsiehst, wirst du jedenfalls merken, dass unter den Protestlern hier auch eine ganze Menge Bürokraten sitzen, die in einem wirklichen freien Markt um ihre Posten und Pfründe fürchten müssten.« Er wusste, wovon er sprach – als Kleinunternehmer, der sich von einer ineffektiven Administration stärker gegängelt fühlte als von einem steuerhinterziehenden Premier, der es darüber hinaus (wenn auch nur aus Gründen des Machterhalts) immerhin geschafft hatte, die Kaufkraft selbst der Ärmsten zu erhöhen.

Was also beabsichtigten die Militärs, die Taksin im September des gleichen Jahres unblutig stürzten und ins Exil nach Singapur und Großbritannien schickten? Und weshalb konnten sie mit ihrer Übergangsregierung kurzzeitig sogar auf die Unterstützung integerer Intellektueller wie den Soziologen Surichai Wongaew zählen? Ging es tatsächlich um die Rettung der Demokratie in letzter Minute, wie die vielen Blumen suggerierten, die den Soldaten damals von den Bangkokern ans Revers geheftet wurden? Aber was tat die Junta für das Wohl des Landes, außer mit Hilfe williger Verfassungsrichter des Ex-Premiers Partei »Thai Rak Thai« (»Thais lieben Thais«) sofort zu verbieten und für deren Funktionäre eine langjährige Politiksperre verfügen zu lassen? Und doch gab es, landestypisches Paradox, bereits im Dezember 2007 erneut demokratische Wahlen – diese dann haushoch gewonnen von jener Thaksin-nahen »People's Power Party«, deren bulliger Chef Samak freilich nicht nur den Makel besitzt, als Strohmann des ab nun besuchsweise immer wieder nach Thailand zurückkehrenden Politikmilliardärs (der sich gerade als Chef des Fußballclubs von Manchester City mit seinem autokratischen Gebaren unbeliebt macht) zu gelten, sondern an dessen Händen sogar Blut klebt.

»Dieser Mann war als damaliger Innenminister mitverantwortlich für das Massaker von 1976, als das Militär die Thammasat-Universität stürmte und Hunderte Studenten umbrachte. Noch im Februar 2008 hat er in einem CNN-Interview die Opferzahlen geleugnet und von nur einem Toten gesprochen, der irrtümlich von rechten Paramilitärs verbrannt worden sei. 1992 hat sich alles wiederholt, als er erneut Strippen zog im Umfeld dieses mörderischen Putschgenerals Suchinda, der trotz der damaligen Massenmorde bis heute einflussreich geblieben ist.«

Ing K, 48 Jahre alt, grazil und elegant, macht keineswegs den Eindruck, um jeden Preis *trouble* zu suchen. Galeristin, Journalistin und landesweit bekannte Filmemacherin, weicht sie allerdings auch keinem Thema aus. Wobei es – schließlich ist dies hier Thailand – gewisse Einschränkungen zu beachten gilt: die sogenannten »drei Säulen der nationalen Identität«: Königshaus, Armee, Religion. Ihr kürzlich auf *low budget*-Basis gedrehter Spielfilm »Citizen Juling«, kann deshalb bis auf weiteres im Land nicht gezeigt werden, dessen Filmgesetz noch aus dem Jahre 1930 stammt und bis dato allenfalls in Nuancen verändert wurde. Ings *road movie* spielt im vernachlässigten Süden, wo muslimische Extremisten Lehrer erschießen und thailändisches Militär brutal gegen wahre und vermeintliche Fundamentalisten vorgeht, wobei in dieser touristenfernen Region längst soziales Unrecht, Korruption, Drogengeschäfte und aus dem benachbarten Malaysia importierte al-Quaida-Ideologie untrennbar miteinander verwoben sind. Nicht genug damit, hinterfragt »Citizen Juling« auch noch auf subtile Weise das größte Tabu – so in jener »gelben

Sequenz«, in der minutenlang feiernde, in die Königsfarbe gelb gehüllte Thais gezeigt werden. Dankbarkeit für jene Trotz-alledem-Stabilität unter dem seit 1946 regierenden, als Foto-Ikone auf Straßen und Plätzen omnipräsenten König Bhumipol alias Rama IX? Oder nicht eher Blindheit gegenüber institutionalisierter Stagnation? Angst vor oder Hoffnung auf jene mitunter halblaut kolportierte Orakel-Prophezeiung, der zehnte Rama sei der letzte seiner Dynastie? Ein wagemutiger Narr, der hier Eindeutiges von sich geben würde. Mitunter verschwinden selbst im relativ freien Thailand Menschen für immer. Oder müssen wie Paul Handley, britischer Autor der kritischen Biographie »Der König lächelt nie«, damit rechnen, in Zukunft nicht mehr einreisen zu dürfen. Und die enorme Pressefreiheit, diese jeden Tag in *The Nation* oder der *Bangkok Post* nachzulesende Kritik an der inkompetenten Regierung und deren Korruptionsaffären?

»Schattengefechte«, sagt Ing kurz und bündig. »Natürlich nicht immer – und auf jeden Fall tausend Mal besser als das verordnete Schweigen in Birma oder Laos, ja selbst in Kambodscha oder Malaysia. Aber all diese Parteien hier, PPP, PAD, DP ...« Sie verdreht die Augen und seufzt ennerviert, während sie sich eine jener winzigen *Beedie*-Zigaretten anzündet, ehe sie ihren Nachbarn, in dessen indisch-birmesischen Restaurant wir gerade sitzen, stürmisch begrüßt. »Vergiss die Parteipolitik!«

Und alles scheint so wie im alternativen Wohlfühl-Katalog – auf den ersten Blick: Die Hitze, der Ventilator und das eisgekühlte »Singha«-Bier, die duftenden Reis-Curry-Gerichte und dazu der schräg an der Decke installierte Fernseher. Die *breaking news* aber berichten von der fortgesetzten Weigerung von Birmas Militärjunta, ausländische Helfer nach der Flutkatastrophe vom Mai ins Land zu lassen.

»Schade, dass es im Irak derart schief gelaufen ist – ansonsten hätte sich Präsident Bush auch diese Verbrecher vornehmen müssen.« Ing und der exilierte Restaurant-Chef meinen es ernst. Auch vis-à-vis, in Ings idyllischer Kunstgalerie »Katmandu« könnten der Räucherstäbchenduft und die sorgsam drapierten Carlos-Castaneda-Bücher leicht darüber hinwegtäuschen, wie politisch die hiesige Boheme ist. Dabei sind es nicht nur die »Free-Tibet«-Handzettel und die Karikaturen auf Ministerpräsident Samak, sondern die eigentlichen Kunstobjekte, gerahmte Bilder aus der Foto-Serie »The Pink Man«. Ein in einen glitzernden Velouranzug gepresster Fettwanst posiert darauf mit ausdruckslosem Gesicht vor Thailands Tempeln und Klöstern, lässt Kinder auf seinem Schoß mit der Landesfahne wedeln oder steht stoisch neben getöteten Demonstranten. Erfinder dieser im Ausland längst preisgekrönten Serie ist der Fotograf Manit Sriwanichpoom (und in der Rolle des *Pink Man* ein Freund und Kollege), der mit feinem Lächeln und ohne das geringste Zögern sagt: »Ich glaube, dass Kunst hier noch sehr viel bewirkt. Trotz der Tatsache, dass sie sich nur deshalb frei entfalten kann, weil die Machthaber sie in einem Intellektuellen-Ghetto aufgehoben glauben. Aber das kann sich ändern, denn die Menschen sind der pseudo-pluralistischen Intrigen-Nachrichten müde, die in den Zeitungen und im Fernsehen mit viel Lärm die wirklichen Informationen ersetzen. Sie wollen die eigentlichen Hintergründe.« Und die wären? »Der im Stil des alle Tricks erlaubenden Thai-Boxens ausgetragene Kampf zwischen einer neo-nationalistischen Elite, die das Land im Sinne des früheren Ministerpräsidenten Thaksin autoritär modernisieren will und den um ihre Pfründe besorgten konservativen Royalisten. Der *Pink Man* ist eine Symbiose aus beiden Cliquen.«

Bei Supinya Klangnarong, der Unruhestifterin Nummer zwei: Ist es ein gutes Omen, dass ich sie bei einer Tagung in einem riesigen Gebäude mit schwarzer Marmorfassade treffe, das neben der Nationalen Menschenrechtskommission auch ein »Anti-Money Laundering Office« beherbergt? An provisorische Pinnwände geklebte Poster und auf Tischen ausliegende Broschüren zahlreicher einheimischer NGO's, ein Hin und Her von Leuten mit Papierstapeln in den Händen.

Die 35-Jährige mit dem blauschwarz schimmernden Haar und dem Auftreten einer verschmitzten Studentin wirkt außerordentlich gelassen. Tatsächlich landesweit bekannt (»Ah! Supinya!«), erinnert sie in ihrer Art zu sprechen und alsdann ihren lebhaft vorgetragenen Sätzen freundlich-prüfend nachzulauschen nur wenig an eine politische Aktivistin. Dennoch hatte sie es geschafft, im Jahre 2003 den damaligen Premier Thaksin so gegen sich aufzubringen, dass er sie – damals im Vollbesitz seiner Macht – mit einem Prozess wegen übler Nachrede überzog. Der Streit ging über mehrere Instanzen, und obwohl bereits viele von Thaksins Freunden und Verwandten an den Schaltstellen der Macht saßen, gewann Supinya 2005.

»Dabei hatte ich in meinem Buch nur jene Fakten gesammelt, die ohnehin jeder kannte: Details über die Selbstbereicherung eines Mannes, der weder einen wirklich freien Markt noch so etwas wie ein Kartellrecht wollte. Als er 2001 bekanntgab, er beabsichtige, das Land wie ein Unternehmer zu führen, hatten ihm zunächst viele geglaubt und dabei gehofft, er würde nicht wie herkömmliche Politiker stehlen und in die öffentlichen Kassen greifen. Er war ja bereits Milliardär. In der Tat handelte er in vielem anders und gab etwa den jahrzehntelang vernachlässigten Bauern Geld, damit sie sich aus ihrer Misere befreien konnten. Manche Projekte, so etwa in Bildungsfragen, hatten Nachhaltigkeit, andere dagegen dienten nur einer Art Stimmenkauf. Mit der Zeit aber zeigte sich mehr und mehr, was er wirklich gemeint hatte, als er von ›Unternehmensführung‹ sprach: Sämtliche Abteilungen gehorchten ihm. Dank seinem riesigen Netz aus Kommunikationsmedien und Internet-Providern, die auch mit Birmas Militärjunta verbandelt waren, gelang es ihm, immer mächtiger zu werden. Dazu kam, dass die ungefähr dreitausend Toten im ›Drogenkrieg‹, der ihm anfangs ebenfalls Popularität verschafft hatte, keinesfalls nur Dealer waren, sondern auch unbeteiligte Zivilisten oder einfach Leute, die das Pech hatten, irgendetwas zu wissen, was sie vielleicht nicht wissen sollten.« Ein Stirnrunzeln, ein flüchtiges Lächeln, ein Kopfnicken: Ja, so könne man es sagen, dies sei keine Übertreibung.

»Inzwischen erkannten immer mehr Menschen, dass Thaksin damit gerade das antastete, was doch Thailands größtes Plus in der Region ist – eine ziemlich freie Presselandschaft und unsere vielfältige Zivilgesellschaft. In diese Jahre fiel auch sein gegen mich angestrengter Prozess. Ehe ihn dann das Militär im September 2006 vertrieb, hatte er über seine Wirtschaftsmacht schon fast alle Informationskanäle der Opposition ausgeschaltet, Lizenzen aufgehoben, unabhängige Medien in den Bankrott getrieben und so weiter.«

Hat Suypinya Klangnarong – wie viele kritische Intellektuelle – aufgeatmet, als der vom demokratischen Wahlsieger zum Despoten gewordene Thaksin dann ausgerechnet durch jene Institution gestürzt wurde, die selbst soviel Blut aus der Vergangenheit an den Händen hat?

»Ja und nein. Nicht, dass ich den damaligen Putsch rechtfertigen würde. Es war dabei ja auch weniger um die Bewahrung der Demokratie gegangen, als um die schlichte Tatsache, dass der Premier für bestimmte und ebenfalls mächtige Kreise zu einer wirklichen Gefahr geworden war.« Sie streicht sich das Haar zurück, neigt den Kopf ein wenig zur Seite. Undenkbar, ein Involviertsein des Königshauses direkt anzusprechen. Auch auf Thaksins subtile Versuche, peu à peu den noch immer als gottgleich verehrten, wenngleich schweigenden König obsolet zu machen und sich dessen schwachen (und darüber hinaus in der Bevölkerung unbeliebten) Sohn »zu kaufen«, geht Supinya Klangnarong vermutlich aus zwei Gründen nicht ein: Zu explosiv ist dieses Thema, zu unvorhersehbar ein Brechen des Tabus. Gleichzeitig droht die Falle, bei einer nachträglichen Kritik an Thaksins Ambitionen in die ungewollte Nähe zu Militärs und Ultra-Royalisten zu geraten, die nichts tun, als mit allen Mitteln ihre eigenen Pfründe zu bewahren. Die berühmten zwei Cliquen ...

»Kennen Sie den *Pink Man*?«

Supinyas Lachen scheint wieder frei von Vorsicht. »Aber natürlich! Das ist eine Art negatives Maskottchen für uns. Das heißt für Leute, die daran glauben, dass Thailand innerhalb einer autoritär bis diktatorisch geprägten Region noch immer ein positiver Sonderfall ist. Trotz allem. Und freie Medien gehören nun einmal dazu, das ist kein Luxus allein für Intellektuelle. Auch für die Bauern ist das lebensnotwendig! Denken Sie nur an die Flutkatastrophe in Birma: Während in Indien und Thailand die Meterologen über das Radio und die Zeitungen warnten, unterdrückte das birmesische Regime jegliche Vorwarn-Information. Mit dem Resultat, dass über hunderttausend Menschen den Tod fanden. Wie viele könnten noch leben, wenn es freie Medien gegeben hätte! Von verantwortlichen Regierungen möchte ich gar nicht sprechen, schließlich existieren die *Pink Men* überall.«

Vorreiter der Demokratie oder *Pink People* in spe?

»Die trainieren für ihre Karriere, das ist alles«, sagt der junge Mann mit der modisch schwarzgerahmten Brille, den mir Supinya Klangnarong zum Abschluss unseres Gesprächs kurz vorgestellt hatte: »Schauen Sie, ein Landsmann von Ihnen, hier im Gewühl der NGO's.« Später wird mir der Gedanke kommen, ob sie ihn, den wir hier Tobias nennen wollen, nicht auch deshalb präsentiert hat, um auf indirekte Weise etwas weiteres Wichtiges mitzuteilen. Die Spreu und der Weizen: Engagierte Bürgerrechtler auf der einen, Projekt-Parasiten auf der anderen Seite. Doch konnte sie tatsächlich ahnen, was dieser mittzwanzigjährige Praktikant bei einer europäischen Stiftung von all dem *civil society*-Rummel hält? Auch beim zweiten Bier habe ich keine womöglich indiskreten Fragen gestellt: Es war erst Nachmittag, und wir beide befanden uns in Thailand. Genauer: Im BHK-Building am Siam Square, wo nicht nur perfekt gefälschte Markenkleidung zu Billigpreisen verkauft wird, sondern auch ein Selbstbedienungsrestaurant mit Delikatessen aus ganz Südostasien lockt. Der blitzblanke und nach tausend Aromen duftende Laden ist voll – Touristen, mittlere bis höhere Angestellte,

Mittelschicht. Und am gleichen Tisch jenes Pärchen, das sich uns nach dem Abschied von Supinya prompt und beflissen angeschlossen hatte. Er ist der Chairman, sie die Stellvertreterin, und ihre von einer weiteren europäischen Institution geförderte Organisation nennt sich »Demokratische Studenten Thailands«. (Oder war es »Thailändische Studenten für Demokratie?«)

»*Anyway*«, sagt Tobias, während er Nudeln um ein Stäbchen wickelt, »die sind bei jeder Konferenz dabei. Um anschließend in subventionierten Broschüren über eben jene Konferenzen zu schreiben und gleichzeitig ihr Foto mit abdrucken zu lassen, was dann ein Stiftungsbeirat in irgendeinem der EU-Länder beifällig zur Kenntnis nimmt und neue Projekte absegnet. So läuft das, und weil das Ziel Demokratie und ›Zivilgesellschaft‹ heißt, traut sich niemand, diesen Schwindel – ein Pingpong zwischen naiven Bürokraten und charmanten Betrügern – aufzudecken und diese Beziehungsgeflechte offenzulegen. Dabei geht es um Millionen verpulverter Euro. Auf eine couragierte Supinya kommen hier Hunderte Pseudo-Engagierte, die es allesamt auf die Verteilerliste unserer Stiftungs- oder EU-Projekte geschafft haben. Unverzichtbar für eine spätere Karriere. Offen gestanden kann ich nach einem halben Jahr Thailand das Wort ›Projekt‹ nicht mehr hören.« Tobias nimmt einen geräuschvollen Schluck »Singha«-Bier, während ich das Paar frage, welcher Art ihr Engagement für Demokratie denn sei.

»*We teach the students social-democrat values*«. Es kommt wie aus einem Mund, der Sashimi-Stückchen zum Trotz. Und was wäre unter diesen *values* zu verstehen?

»*Justice and democracy.*« Während die beiden unbeirrt weiterkauen, werfen sie mir einen irritierten Blick zu, als betriebe ich hier eine Art versteckter Evaluation am Mittagstisch.

»Siehste«, sagt Tobias. »Du gehst raus und triffst solche Leute. Du kommst ins Büro, und schon haben sie ein neues Projekt zu *gender politics*. Was bleibt einem da anders übrig, als hier die Zeit abzusitzen, auf Zyniker zu machen und wenigstens dabei ein bissel Spaß zu haben. Kostet hier ja kaum was. Und die kleine studentische Demokratin neben diesem Pickel-Typ da, die ist schon ziemlich süß, findest Du nicht?«

Museumsbesuch im Regen: Urplötzlich waren die Schauer gekommen, über die Souvenirstände im Tempelviertel von Wat Pho und Wat Phra Kaeo wurden Plastikplanen gezogen, während die Touristen an der überdachten Fähranlegestelle des Chao Phraya-Flusses Schutz suchten oder in Taxis verschwanden – Tuk-Tuks, deren Räder durch die Wassermassen am Straßenrand pflügten. Im »Museum of Siam« dagegen nur einheimische Besucher, ein neugieriges Wandeln unter den Säulengängen im Kolonialstil, ein beinahe ehrfürchtiges Aufdrücken der noch nach Politur riechenden, massiven Türen aus Teakholzimitat. Das Haus, erst im April 2008 eröffnet, hat es vermutlich noch nicht auf die Druckseiten der internationalen Reiseführer geschafft – »Discovery Museum«, was es gleich im doppelten Sinn ist. Konzipiert von Akademikern und Ausstellungsmachern im Umfeld von Ex-Premier Thaksin (obwohl mit diesem inzwischen wieder verstritten), gibt es im gesamten imposanten zweistöckigen Gebäude kein Bild von König Bhumipol. Kein einziges – und das in einem Land, wo vom Amtszimmer bis zur letzten Krämerstube, selbst an den Gestängen der Ampelkreuzungen und ausgewählten Baumstämmen der Monarch in allen Lebensaltern und zahlreichen Posen abgebildet ist: als Forscher mit dem Fernglas, gottgleicher Herrscher im prunkenden Ornat oder aber tiefsinnig durch seine Nickelbrille blickender Intellektueller. Statt dessen ein ultramodernes Multi-Media-Spektakel in den verdunkelten und nur durch Leinwand-Projektionen, erleuchtete Schautafeln und flimmernde Monitore künstlich erhellten Ausstellungssälen. Und Fragen – *Problematisierungen* – die so gar nicht in dieses Land des Lächelns zu passen scheinen: »What is ›Thai‹ anyway?« wird in zuckenden Lettern an die Wand projiziert, während Farbfotos im Benetton-Stil unterschiedliche Physiognomien zeigen: »Ich sehe nicht Thai aus. Bin ich's?«

Ein Appell zu multiethnischer Toleranz – oder vielleicht auch der subtile Versuch, wie Kritiker meinen, die mit dem Thaksin-Lager liierten chinesischen Geschäftskreise akzeptabler zu machen? Was also wird in naher Zukunft jene Kinder erwarten, die soeben in einem anderen Saal lachend und unter Anleitung ihrer Eltern Kokosnüsse aus Schaumstoff basteln und anschließend in der ersten Etage unter großem Hallo hinter ein Mikrofon aus den späten dreißiger Jahren treten und sich dabei gleichzeitig auf einem Monitor sehen können? Allein an dieser Stelle wird es explizit politisch, in ausgestellten Dokumenten und Film- und Radio-Schnipseln aus jener Zeit, in der Marschall Pibulsonggram ein erklärtermaßen national-sozialistisches Regime etablierte, Siam in Thailand umbenannte und erklärte, Thais hätten »besseres Blut«.

Doch weshalb diese offensichtliche Kritik an einheimischem Rassismus, wenn in den Folge-Sälen zwar gekonnt die Verwestlichung des Landes seit den sechziger Jahren präsentiert wird – buntes Dekor, Rockmusik und alles andere als vorwurfsvolle Illustrationen »leichter Mädchen« – ansonsten aber kein einziger der zahlreichen Militärputsche Erwähnung findet, von den Massakern 1973, 1976 und 1992 ganz zu schweigen? (Wie lange müsste man wohl in Thailand gelebt haben, wie tief das Beziehungsgeflecht von Ausstellungsmachern und Politikern der verschiedenen Lager durchschauen, um die offensichtliche Inkohärenz zu erklären? Und was bedeutet im Saal, der dem Untergang des Ayutthaya-Reichs im Jahre 1767 gewidmet ist, die kleine, aber wirksame Bemerkung, Ursachen von Kriegen seien in »königlichen Rivalitäten« zu suchen?)

Das weitläufige Gelände der Chualongkorn-Universität ist wie verwaist an diesem Ferientag. Grünflächen, straßenartige Wege und Fakultätsgebäude, vor denen kaum Studenten zu sehen sind. Wo befindet sich das »International House«, in dessen Restaurant mich zu Mittag der Soziologe Surichai Wongaew erwartet, einer jener Intellektuellen, die den Sturz Thaksins im September 2006 durch die Militärs begrüßt und sich anfangs sogar deren vermeintlicher »Technokraten-Regierung« als unabhängige Berater zur Verfügung gestellt hatten?

Freundliche Menschen weisen mir den Weg, schicken mich jedoch unabsichtlich in die Irre. Schließlich treffe ich auf einen schlaksigen Chemie-Studenten, der sich mittels mehrerer Handy-Telefonate durchfragt und sich bei mir erkundigt, ob es wirklich wahr sei, dass in den meisten Staaten Europas die Regierung für die Studienkosten aufkomme und somit ein jeder studieren könne, dessen Schulnoten dies erlaubten, unabhängig vom Einkommen der Eltern? Ob den Europäern in diesem Fall dann auch klar sei, in was für einer privilegierten Situation sie lebten? Ich muss an das deutsche Klagelied von der *Bildungsmisere* denken, vor mir das ehrfurchtsvolle Gesicht dieses hochaufgeschossenen Studenten, sein verschwitztes weißes Hemd, sein ungläubiges Kopfschütteln. *Was für Länder, mein Freund.*

Surichai Wongaew, 59 Jahre, wirkt an seinem Restauranttisch, die Aktentasche auf dem Sitz neben sich, wie ein freundlicher Angestellter – er ist einer der einflussreichsten Soziologen. Werden wir über seine kurzzeitige Unterstützung des Militärcoups sprechen können? Er blickt kurz aus dem Fenster in die Gartenanlage hinaus und sagt dann mit leiser Stimme: »Ich glaube, das ist die Hauptsache. Dass wir nicht in die Parteifallen des Pro und Contra geraten. Auch wenn es scheint, die eine oder andere Macht unterstütze unsere Ideen. Gerade dann ist Misstrauen angesagt, auch um den Preis, dass dadurch positive Veränderungen womöglich noch mehr Zeit in Anspruch nehmen.« Der Professor lehrt seit beinahe dreißig Jahren, wurde in Tokio graduiert und ist Mitbegründer der »Assembly of the Poor«, eines Graswurzel-Netzwerks, das den sozial Schwachen eine Wahrnehmungsbasis zu verschaffen versucht.

»Wenn Sie so wollen sind wir, das heißt die Zivilgesellschaft, ja ebenfalls Globalisierungsgewinner. Mobiltelefon, Internet, kritische Websites wie die von Universitätsprofessoren in Chiang Mai gegründete ›Midnight University‹, eine wachsende Empathie für Unglück auch in entfernten Teilen der Welt – ist das nicht auch Modernisierung? Und all das, obwohl sich ein Manager-Milliardär wie Thaksin darum so wenig scherte wie seine Gegner: Wenn er von Modernisierung sprach, war im sozialen Bereich höchstens Populismus ohne größere Nachhaltigkeit gemeint; während seine Gegner vor dem Verlust der Tradition warnten und dabei doch nur um ihre Pfründe fürchteten.«

Alte Räuber, neue Räuber – und dazwischen? Surichai Wongaew lächelt beinahe ein wenig erleichtert. »Nun ja, wir Intellektuellen sollten das *dazwischen* vielleicht nicht allzu sehr beklagen. In jeder Partei gibt es Moderate und Menschen, die nicht *nur* vom reinen Machtstreben motiviert sind. Sie miteinander reden zu lassen, einem Wettbewerb der Ideen Raum zu geben, anstatt allein diesem persönlich motivierten Megaphongeschrei – darin sehe ich unsere Aufgabe. Und das ist kein Wunschtraum, denn die Gesellschaft ist hier trotz allem ziemlich stark. Sowieso neigen wir Thais weniger zu einer ›reinen‹ Ideologie als zu Flexibilität und Anpassung, einer wirtschaftlichen und politischen Geschmeidigkeit, die allerdings mehrere Gesichter besitzt. Wir hatten Putsche und Gewalt, aber eben nie einen Pol Pot, nie einen Marcos oder Ne Win, nie diese jahrzehntelang herrschenden Despoten – obwohl unsere antikommunistischen Regierungen kein Problem darin sahen, zu Hause linke Studentenbewegungen zu unterdrücken und dennoch mit roten Gewaltherrschern gute Beziehungen zu unterhalten. Wie gesagt: Hier hat alles zwei Seiten, mindestens. Doch als letztes Jahr die Demokratiebewegung in Birma ein weiteres Mal niedergeschlagen wurde, entdeckten viele Thais plötzlich ihr Gewissen und begannen, Fragen zu stellen. Weshalb tritt unsere Regierung gegenüber diesen Mörder-Generälen nicht entschiedener auf? Und weshalb behandeln wir die birmesischen Illegalen als unterbezahlte Arbeiter so schlecht und beuten sie aus? Plötzlich gab es diese Diskussionen – von keiner Partei, von keiner Interessengruppe angestoßen.«

Bereits nach dem Tsunami im Dezember 2004 hatte Surichai Wongaew miterlebt, wie Medien nicht nur Reizüberflutung provozierten, sondern tätiges Mitgefühl – zahlreiche seiner Studenten hatten sich damals freistellen lassen, um in Thailands Süden bei der Bergung der Opfer und ersten Wiederaufbauprogrammen zu helfen. Als er in den vergangenen Monaten zunächst Bauern in sein Seminar eingeladen und dann mit den Studenten aufs Land gefahren war, um soziale Benachteiligung empirisch zu dokumentieren, waren es manche Eltern, die sich telefonisch beschwerten. »Die wollten wissen, weshalb ich ihre Kinder auf solch eine Realität stoße und verunsichere. Verstehen Sie: Es waren nicht die jungen Leute, die Desinteresse und Abwehr zeigten, sondern Leute aus der vorangegangenen Generation. Ich glaube, das ist ein gutes Zeichen. Meine jetzigen Studenten werden später in der Verwaltung arbeiten und den Mittelbau der Administration prägen. Vielleicht vergessen sie dabei ja nicht ganz, was ich ihnen beizubringen versucht habe.«

Sisyphos mit der Aktentasche. Was es über seinen zeitweiligen Irrtum zu sagen gab, hatte er gesagt, uneitel und ohne jene rhetorisch ausladenden Rechtfertigungsversuche, die ich vielleicht insgeheim erwartet hatte. Die Verführbarkeit der Intellektuellen? Surichai Wongaew hatte gelächelt und wieder von seinen Studenten gesprochen, von soziologischer Analyse als Antidot zur Selbstzufriedenheit der altneuen Elite.

Der transvestitenhaft wirkende Hotelrezeptionist hatte das Wort *Parliament* offensichtlich noch nie gehört: »Paramount, Cinema? No, too earlyyy…« Der Taxifahrer hingegen hält den Ort für ein Hotel und den nahe gelegenen Senat für eine Zigarettenmarke. Mehrmals kurvt er nervös kichernd in der mit Repräsentationsgebäuden bestandenen Gegend herum, bis ich ihm das Handy reiche und die Senatorin ihm persönlich den Weg weist, noch über die Sicherheitskontrollen am Eingang hinaus und bis zum Parkplatz gegenüber dem wuchtig wirkenden Siebziger-Jahre-Bau. »Eine nette Frau«, sagt er zum Abschied.

»Sie hätten sie wählen können«, antworte ich und ernte ein freundlich abwehrendes Lachen, als hätte ich ihm gerade einen unsittlichen Antrag gemacht.

Rosana Tositrakul, im März 2008 mit 740.000 hauptstädtischen Stimmen in Thailands Senat gewählt, sitzt in Empfangszimmer Nummer 8 und winkt ab.

»Natürlich lachen sie! Weshalb auch nicht, bei dem schlechten Ruf unserer Volksvertreter? Umso wichtiger, sich nicht in die Intrigen der Mächtigen verwickeln zu lassen und trotzdem zu handeln. Nehmen wir sie einfach beim Wort: Thaksins Leute etwa sagen, das Land müsse geführt werden wie ein Unternehmen, ohne feudalen Firlefanz. Gut, aber wenn Thailand ein Unternehmen ist, dann sind wir, die Bevölkerung, die *shareholders*! Dann haben wir darauf zu achten, ob Effizienz oder Korruption herrscht, ob Privatisierungen tatsächlich die Preise senken und die Qualität heben, oder ob doch nur wieder ein Staatsmonopol in die Hände eines regierungsnahen Privatmonopolisten wechselt.«

Die freundliche Frau im schwarzen Hosenanzug, die es mit Unterstützung ihrer Wählerschaft und zahlreicher NGO's bis hierher in eines der Zentren der Macht geschafft hat, war zuletzt darin erfolgreich gewesen, den still ausgekungelten Verkauf des staatlichen Stromproduzenten EGAT öffentlich zu machen – und zu verhindern.

»Wissen Sie was? Ich nehme den freien Markt sehr ernst; Moral und die Fähigkeit des Gegenrechnens sind für mich kein Widerspruch. Und wenn im Unternehmen Thailand sich die Politiker als schlechte Manager herausstellen, muss eben die Aktionärsmehrheit, sprich das Volk, tätig werden. Auf dieser Ebene habe ich überhaupt nichts gegen kühle Kosten-Nutzen-Rechnungen, im Gegenteil. Im Moment suche ich gerade als Vorsitzende des Antikorruptions-Ausschusses noch ein paar männliche Senatoren, die etwas wagen, um das Parlament und die Regierung zu kontrollieren. Aber in solche Ausschüsse drängeln die sich nie hinein!«

Als der Besucher auf die vermeintlichen »asiatischen Werte« zu sprechen kommt, lacht sie laut auf: »*Werte*?! Schmieriger autoritärer Paternalismus, das ist alles. Auch der Westen war jahrhundertelang davon geprägt – Fürsten, Bischöfe und so weiter. Sollen wir etwa, nachdem man sich dort davon befreit hat, hier diese Last weitertragen als etwas angeblich ›Authentisches‹?«

Von Helmut Schmidt hat die Senatorin noch nie etwas gehört, kennt jedoch den Stil alteuropäischer Kanzelreden – und bezieht sich deshalb lieber auf Abraham Lincoln: »Im Grunde ist es immer die gleiche Geschichte. ›Wie sollen wir ohne unsere Sklaven leben, die doch Teil unserer Kultur sind?‹, fragten die Sklavenhalter. Lincoln aber antwortete ihnen mit dem Christentum und der Menschenwürde. Und wir tun heute das Gleiche, nur dass wir uns dabei eben auf den Buddhismus beziehen und dessen allzu lang vergessenen Aspekte von Mitgefühl und Verantwortungsbewusstsein für den anderen. Weshalb also sollte so etwas nicht auch in einer modernen Monarchie möglich sein? Das Land hat die Voraussetzungen dazu – und auch die Menschen, die dies erkennen.«

Senatorin Rosana, die in diesem Moment ihrer Kollegin, der Hongkong-chinesischen Bürgerrechtlerin Emily Lau verblüffend ähnelt, lässt erneut ihr Lachen hören. Es ist alles andere als das angeblich für diese Region typische Verlegenheitskichern.

Juni 2008

Die doppelte Brücke am Kwai:
Betrachtungen in ideologiefreier Idylle

Die Brücke ist ungleich kürzer als in der Vorstellung – schmaler, niedriger und vor allem geradliniger. Das Gedächtnis aber beschreibt seine eigenen Windungen, und so scheint es, als müsse just in diesem Moment eine Khakihosen-Truppe im Gleichschritt anmarschiert kommen, auf den Lippen die berühmte Pfeif-Melodie, während im Takt dazu das Bambusstöckchen von Oberst Nicholson alias Alec Guiness auf und ab wippt. Ein sonniger Spätvormittag in der thailändischen Vierzigtausend-Einwohnerstadt Kanchanaburi, zwei Stunden Autofahrt nordwestlich von Bangkok. In den Souvenir-Läden auf beiden Seiten der schmalen, zum Fluss hin führenden Straße surren die Ventilatoren, draußen aber ist es heiß, 35 Grad im Schatten, eine unsichtbare Hitzefolie, gegen die auch keine der feilgebotenen, kunstvoll aufgeschlitzten Kokosnüsse oder eisgekühlten Coca Cola-Dosen anzukommen vermag. Dabei muss es doch hier gewesen sein: die Realität zum Film zur Realität. Die Brücke am Kwai. Der unter der gleißenden Sonne glitzernde Fluss, die wuchernde, sirrende Vegetation. Und dazu natürlich das Lied, jener bereits 1914 von einem Lieutenant Richards geschriebene »Colonel Bogey March«, von dem Kenner wissen, dass er 1957 in David Leans Film nur deshalb gepfiffen wurde, weil die damalige Zensur die zotigen Strophen gesungen nie und nimmer hätte passieren lassen. Alte Geschichten. Hatte der Autor dieser Zeilen, geboren 1970, nicht sogar jahrelang geglaubt, die Gassenhauer-Melodie stamme aus der Spirituosen-Werbung? *Komm doch / mit auf den Under-berg / komm doch...*

Abgesunkenes Kulturgut: Die verschossenen Farben des einst oscargekrönten Streifens zu nachtschlafener Stunde in den Dritten Fernsehprogrammen, die literarische Vorlage von Pierre Boulle dagegen nur noch mit etwas Glück in den obersten, unzugänglichsten Regalreihen kleiner Antiquariate zu finden, staubüberzogener Leineneinband und nach Vergessen riechendes

Papier. Buchclub- oder Lesering-Ausgaben, tantenhafte Tintenfüller-Widmungen, in Maßen originelle Geschenkideen einer längst vergangenen Zeit. Abgehakt und vorbei?

Nicht für die holländischen und englischen Touristen, die gleich in der Nähe über den Kanchanaburi War Cemetery laufen, einer ausladenden grünen Wiese mit kurzgeschnittenem Gras und knapp siebentausend Gräbern, angeschrägt wie ein steinernes Pult eine Handbreit aus dem Boden ragend. »Über den Gräbern ist das Gras besonders grün«, schreibt Solschenizyn, und vielleicht wäre es ja eine Überlegung wert, inwieweit Vegetation schroff zum Erinnern provozieren kann oder im Gegenteil eher zu sanftem Vergessen einlädt. Gehen Hitze und Pietät wirklich zusammen, denkt ein Schwitzender vor einem Grab tatsächlich an seinen hier ums Leben gekommenen Vorfahren oder nicht doch an eine funktionierende Klimaanlage?

Die Gesichter der meisten Europäer sind schweißüberströmt, man ist in Gruppen hierher gekommen, Papiertaschentücher und Mineralwasserflaschen werden einander gereicht, und irgendwann beginnt einer der Besucher vom »River Kwai Floating Restaurant« und dessen Ventilatoren zu erzählen… Wenn es deprimiert, wie selbst das Erinnern, dieser Versuch, Raum und Zeit wenigstens sekundenlang zu überwinden, hoffnungslos von äußeren Faktoren determiniert scheint, so bleibt wenigstens die Chance, dies nicht nur hin-, sondern auch wahrzunehmen, unsere Schwäche *zu denken* anstatt sich ihr besinnungslos zu überlassen. Wenigstens das, denkt man, während man an den Grabsteinen vorbeiläuft, deren eingravierte Namen nicht im Gedächtnis bleiben werden, wohl aber die Todesjahre 1942 und 1943 und das Alter der Opfer: *Age 23, Age 21, Age 25, Age 19*. Überraschender Gedanke, in seiner Tröstlichkeit beinahe schon wieder zu billig: Wären all diese jungen Leute nicht glücklich gewesen, wenn sie eines Tages ebenfalls zu Touristen geworden wären, die offensichtliche Brutalität mit der womöglich auch nur vermeintlichen Banalität hätten tauschen können? Auf den Steinen stehen immerhin ihre Namen – im Unterschied zu den geschätzten 100.000 »Kulis«, thailändischen, burmesischen, indonesischen und chinesischen Zwangsarbeitern, die dem japanischen Terrorregime ebenfalls zum Opfer gefallen waren. Nach seinen Blitzsiegen in Südostasien hatte das Tokioer Kaiserreich 1942 den Bau einer strategisch bedeutsamen Eisenbahnlinie begonnen, die von Bangkok nach Rangun führte und von dort, so die größenwahnsinnig imperiale Idee, bis nach Indien und Pakistan, ja selbst bis hinauf in den Iran erweitert werden sollte. Besonderes Augenmerk galt dabei der Stadt Kanchanaburi, wo sich die beiden Flüsse Kwai Noi und Kwai Yai vereinigten und zwei Brücken den thailändischen mit dem birmanischen Streckenabschnitt verbinden sollten. Genau dies ist der Moment, in dem anderthalb Jahrzehnte später Buch und Film beginnen, »in der unzivilisiertesten Gegend der Welt«. Obwohl der Romancier und Drehbuchautor Pierre Boulle (1912–1994), der übrigens später mit »Planet der Affen« zu einem bekannten Science-Fiction-Autor werden sollte, im Zweiten Weltkrieg für Charles de Gaulles »Forces de France Libre« selbst in Indochina gekämpft hatte, galt »Die Brücke am Kwai« lange als typisches Beispiel westlicher Exotik-Projektionen, vergleichbar etwa mit den ungefähr zeitgleich gedrehten, ebenfalls in der Region spielenden Kassenschlagern à la »Suzie Wong«, »Alle Herrlichkeit auf Erden« oder »Die Fähre nach Hongkong«.

Der »Okzidentalismus«-Vorwurf aber geht ins Leere, beginnt der Roman doch sogleich mit einer suggestiven Frage: »Vielleicht ist der unüberbrückbare Abgrund, der nach Ansicht mancher Menschen zwischen der abendländischen und der morgenländischen Seele klafft, nur eine Sinnestäuschung?« Oberst Nicholson erscheint jedenfalls in Buch und Film kaum weniger ein wahnsinniger Gefangener rein rationalistischer Lebensauffassung wie sein Gegenspieler, der japanische Oberst Saito. Zwei Männer, die beide mitten im Krieg Brücken bauen wollen, koste es, was es wolle – entweder für den Endsieg des Kaiserreichs oder als Zeichen überlegenen westlichen Organisationstalents.

Auf der wirklichen Brücke ist es jetzt sehr still. Der im Zwei-Stunden-Rhythmus abfahrende Touristenzug hat vor ein paar Minuten den Kwai überquert – neugierige, gutgelaunte Weiße in den Fensterrahmen, die Digitalkameras in die idyllische Landschaft haltend – um hoch zum sogenannten Höllenfeuer-Pass zu fahren, wo einst australische Zwangsarbeiter ab dem 25. April 1943 innerhalb von sechs Wochen mit primitivsten Geräten einen Bergdurchbruch zu realisieren hatten. Siebenhundert von ihnen überlebten die Tortur nicht, Opfer von Hunger, Erschöpfung, Moskito- und Schlangenbissen oder Cholera-Epidemien, vom Sadismus der japanischen Wachmannschaften ganz zu schweigen. Seit 1997 befindet sich am Pass ein Museum, das vor allem an jenem April-Tag, dem »Australian Veterans Day«, von Überlebenden und deren Familien besucht wird. Kein Wunder, denkt man, dass gerade diese Veteranen dem jährlich im Dezember stattfindenden »River Kwai Bridge Festival« nichts abgewinnen können und vereinzelt sogar dagegen protestierten: Eine Licht- und Ton-Show, welche die nächtliche Brücke erneut zur Filmkulisse macht, flankiert vom Schönheitswettbewerb für eine »Miss Peace«. Tagsüber werden dazu Edelsteine und Schmuck aus der Umgebung feilgeboten, während die Restaurant- und Hotelpreise, so ist von genervten Bangkokern immer wieder zu hören, um diese Zeit auf das Dreifache klettern. Friedensdividende? Zur Frühlingszeit sind jedenfalls die frischen Fischgerichte im »River Kwai Floating Restaurant« tatsächlich ebenso schmackhaft wie günstig, schwimmen rotweiße Blüten in einem kleinen Wasserschälchen, geht der Blick beinahe versonnen zur Brücke hin mit ihren geschwungenen Stahlverstrebungen und vermoosten Steinpfeilern. Doch Moment: Stein und Stahl? Waren es nicht eher riesige Holzpfosten, welche von der Mannschaft Oberst Nicholsons enthusiastisch in das Flussbett des Kwai gerammt wurden, während gleichzeitig ein britisches Undercover-Team vom gegenüberliegenden Ufer aus versuchte, dieses Hilfsinstrument für die japanische Expansion in Grund und Boden zu sprengen?

Solcherart Details mögen wohl nur für historisch und technisch speziell Interessierte von Bedeutung sein – wer keine River Kwai-T-Shirts kaufen will, kann deshalb gleich nebenan zwischen mehrsprachigen Broschüren wählen (und angesichts der fast putzig anmutenden deutschen Übersetzung »Die Toteneisenbahn am Kwai« erneut ein etwas mulmiges Gefühl bekommen). Immerhin ist hier zu erfahren, dass in der Gegend nicht nur zwei Kwai-Flüsse existieren, sondern dass es auch zwei Brücken gab: Eine provisorische Holz- sowie eine stabile Stahlbrücke, die allerdings nach Bombardierungen durch die Alliierten bereits im November 1944 wieder zerstört wurde. Die Ironie der Geschichte will, dass im Zuge von Reparationsleistungen nach Ende des verlorenen Krieges die Japaner verpflichtet wurden, eben diese Stahlbrücke zu restaurieren. Die aus 1.200 Bambusbäumen bestehende »Film-Brücke« wurde dagegen in Sri Lanka aufgebaut und galt 1957, im Jahr der Dreharbeiten, als die bislang größte Brückenkulisse der Filmgeschichte. Merkwürdigerweise erinnert sie viel weniger an das reale Bauwerk über den Kwai, als vielmehr an jene von weiteren Zwangsarbeitern an den Felsen oberhalb des Flusses konstruierte Wang-Pho-Brücke, zu der es in der Broschüre mit unfreiwilliger Komik heißt: »Wegen engen Flächen und dringender Arbeit wurde die Schienelegung nicht so richtig nach Standart gemacht. Bei den ersten Zugtransportierungen sind die Züge hinuntergefallen. Viele indonesische und malaysische Lokführer sowie Japaner-Aufseher sind dabei verstorben. Die Japaner mussten daher mit Grausamkeit und Greultat handeln. Körperverletzung gehört zu den Disziplinen der Japaner-Armee, und die Kriegsgefangenen wurden stets geschlagen (…) Heute wird die Wang Pho Holzbrücke immer restauriert.«

Und doch ist es nicht der häufig ins Pietätlos-Ridiküle abkippende Kommerz und Erinnerungs-Talmi, der irritiert. Die Legoland-Welt rund um die Kwai-Brücke besitzt beinahe etwas Rührendes, sie kreist um sich selbst und transportiert keinerlei Ideologie. Diese nämlich wird man erst in Bangkok wiederfinden und zwar in der als Traveller-Meile spätestens durch die ersten Szenen von »The Beach« weltberühmt gewordenen Khao San Road.

Leonardo DiCaprio aber logiert längst nicht mehr hier, nachgezogen ist jene internationale Community netter junger Leute, die gern preiswerte Pizza oder Reisnudeln verspeisen und sich in den Buchhandlungen mit Raubkopien eindecken als da wären die Verfertigungen von Dan Brown und Michael Moore oder – schließlich ist man ja in Thailand – unsere »Brücke am Kwai.« Erst hier, bei reichlich »Singha«-Bier in den ansprechend gestalteten Aufenthaltsräumen mit ihren oben an der Decke angebrachten Videorecordern, wird aus der prallen Abenteuerstory die zähflüssige Milch einer besserwisserischen Gratis-Moral: Jeder Krieg ist Mist – haben wir's nicht immer schon gewusst? *Make love not war*, denn ob nun gefangene Engländer oder patrouillierende Japaner – wo schon sollte da der Unterschied sein? Irgendein Junge oder ein Mädchen mit Rastafrisur beginnt mit aufgeräumter Ironie den berühmten Song zu pfeifen, und spätestens in diesem Moment begreift man, dass es wohl ungleich Bedenklicheres gibt, als die vermeintlich asiatische Erinnerungsschludrigkeit. Es ist jene durch keinerlei Zweifel angenagte Gewissheit unserer westlichen Globetrotter, dass tatsächlich nichts über strikt durchgehaltene Coolness und sich selbst bestätigende Gelassenheit geht. Der japanische Faschismus wird in Gestalt des brüllenden Oberst Saito dann ebenso zum skurrilen, belächelten Phänomen wie der islamistische Terror, dem man höchstens übelnimmt, gemeinerweise immer wieder die Strand-Idylle von Bali heimzusuchen. Vielleicht gilt ja das berühmte Lächeln der Thais nicht zuletzt auch der Ignoranz ihrer vortrefflich zahlenden Gäste.

April 2006

Lächelnde Gesichter, offene Wunden
Eine kambodschanische Reise

Siem Reap. »Pol Pot«, sagt der in ein orangefarbenes Gewand gekleidete junge Mönch, »Pol Pot war Vietnamese. Und auch die roten Khmer waren verkleidete Vietnamesen, sie steckten voll negativer Energie und brachten Unglück über unser Volk.« Der Mönch spricht akzentfreies Französisch und wuchs als Kind kambodschanischer Emigranten in einem Pariser Vorort auf, ehe er sich entschied, Buddhist zu werden und im Tempel von Angkor Wat Dienst zu tun. Offensichtlich glaubt er fest an das, was er uns mit so ruhiger Stimme erzählt.

»One, two, three.« Die alte Frau, deren kurzgeschorenes Haar so weiß ist wie der Umhang, den sie trägt, tut ebenfalls Selbstverständliches. Kommt aus einer der vielen Ecken des Tempel-Labyrinths gehuscht, drückt uns Räucherstäbchen in die Hand und führt zu einer dunklen Höhlung, in der eine voluminöse Buddha-Statue hockt. Die Räucherkerzen in eine mit Sand gefüllte Schale gesteckt, die Hände gefaltet und dreimal mit dem Kopf genickt – one, two, three. Danach ein paar zerfledderte Rielscheine auf einen bereitstehenden Teller gelegt und wieder nach draußen getreten, wo im sonnigen Gegenlicht die berühmten Türme Angkor Wats weniger dem Kelch einer Lotosblüte als vielmehr drei Artischocken ähneln.

»Nein«, sagt der freundliche Mann an der Rezeption des Bungalow-Hotels, dem eine Mine das rechte Bein abgerissen hat, »was Sie da neben dem Swimmingpool sehen, ist kein Wachturm, auch kein ehemaliger. Das ist nur der Platz für unseren alten Wassertank.« Aber der Wassertank steht doch auf ebener Erde, *unterhalb* des Turms.» Wie gesagt, es ist der Wassertank, Sir.« Das Lächeln ist auf seltsame Weise entschiedener geworden; Signal, die Unterhaltung abzubrechen. Wer ist der Mann, Opfer oder ehemaliger Mitläufer der Roten Khmer, ein unbeteiligter Zivilist oder einer, der zuviel weiß, um darüber sprechen zu wollen? Wir werden es nie erfahren.

Auf dem Hausboot in einem der »Schwimmenden Dörfer« auf dem Tonlé-Sap-See gibt es eine Art Varieté-Vorstellung für Ausländer: herumstolzierende Pelikane, kleine Hasen, die man streicheln kann, einen Affen, der sich von Balken zu Balken schwingt und sich in die Jeans der Fremden krallt, eher er sich mit Wucht auf eine offensichtlich narkotisierte Python fallen lässt, die man unbesorgt vom Boden aufheben und sich um den Hals legen kann – trockene, seidenweiche Haut, die in beunruhigendem Rhythmus vibriert. Und nur ein Dollar für die eisgekühlte Coca-Cola, für ein paar verblasste Ansichtskarten aus den sechziger Jahren, eine holzgeschnitzte Maultrommel.

Nach dem pittoresken Spektakel auf dem See dann die Misere am Ufer: Fischerhütten der ärmlichsten Art, splitternackte Kleinkinder, die sich zusammen mit hinkenden Hunden und mageren Schweinen im Dreck tummeln und in ebenso freudige Schreie wie ihre Eltern ausbrechen, wenn sie der Besucher ansichtig werden, die ihrerseits den Eindruck haben, mitten in einem der Elends-Szenarien aus einem x-beliebigen »Weltspiegel«-Bericht zu sein.

Aber die Lokalität – der See Tonlé Sap und die Stadt Siem Reap, Vorzimmer einer der berühmtesten Tempelanlagen der ganzen Welt – ist real. Ebenso real wie die Minen auf dem nahegelegenen Berg Phnom Krom, auf dessen Gipfel sich eine Pagode befindet – der beste Ort, um den Sonnenuntergang zu betrachten. Die Menschen, die uns beim Aufstieg entgegenkommen, zeigen lachend auf die Grasbüschel jenseits des Weges; hier haben die wechselnden Herrscher des Landes ihre tödlichen Spuren hinterlassen. Dann aber naht tatsächlich der Sonnenuntergang; das Wasser des Sees schillert in vielfachem Farbenspiel, das helle Grün der Reisfelder verdunkelt sich, und in der Ferne verschwinden die Türme des Tempels ebenso wie das verrostete Gefährt mit dem schwenkbaren MG, das wir bei unserem Aufstieg hinter einem Felsen erspäht hatten. Nacht ist und Frieden. In den offenen Fischerhütten am See werden die ersten Ölfunzeln angezündet, Vergangenheit und Gegenwart gehen ineinander über, sodass man auf einmal Beklommenheit verspürt und nur schnell wieder in jenen Teil der Stadt will, wo Reisende noch die Illusion haben dürfen, in eine Art Kolonial-Idylle zurückzukehren. Etwa in jenes französische Terrassen-Restaurant des »La Noria-Guesthouse« – »Le nouveau Beaujolais est déjà arrivé« –, wo der kanadische Akzent der Kellnerin an Céline Dion erinnert, die Entrées und Hauptspeisen ebenso formidabel sind wie die Crème brulée oder das Sorbet am Schluss, während unter dem Schilfdach beruhigend die Ventilatoren summen, kleine Räucherkerzen die Moskitos fernhalten und hinter dem Geräusch des lichtproduzierenden Generators die Stimmen der Einheimischen fast verschwinden: junge Moto-Fahrer, die vor dem Eingang des Guesthouse auf ihren alten Hondas sitzen oder sich die Beine in den Bauch stehen, in der Hoffnung, einige der europäischen Gäste bedürften doch noch ihrer Dienste. »Do you want massage? Do you want girl?« wispert es, sobald man den Garten des Restaurants verlässt und die dunkle, staubige Straße betritt, auf der man sich nur dank der Öllämpchen zurechtfindet, welche auf den Holztischen der kleinen Garküchen am Flussufer aufgestellt sind.

Aber nein, weder Massage noch Girls. Und erst morgen bräuchte man zwei Moto-Fahrer, um in das mythische Reich von Angkor zu fahren, in jene Dschungel-, Reisfeld- und Seenlandschaft, in der Hunderte Tempelanlagen stehen, von denen Angkor Wat nur die berühmteste ist. Die Vermarktung des Terrains liegt in den Händen der Firma Sokimex, die jährlich eine Million Dollar an die kambodschanische Regierung abführen muss; der Rest verschwindet in den eigenen Taschen – und wird *nicht* zur Restaurierung und

Katalogisierung der Tempel verwandt; derlei überlässt man der Unesco und diversen ausländischen Geldgebern. Die offensichtliche Korruption erweist sich indessen für den Reisenden dieser Tage, der für einen dreitägigen Tempelbesuch 40 US-Dollar zahlen muss, als reiner Glücksfall: nirgends kanalisierte Touristenströme, keine Schnuren, Absperrungen und Erklärungsschilder, nur von Zeit zu Zeit ein paar Khmer-Reiseführer, die überschaubaren deutschen *Studiosus*-Gruppen oder französischen Kulturreisenden mit gedämpfter Sprache die Geschichte der Tempel nahebringen, als seien auch sie eingeschüchtert von all den kunstvollbedrohlichen Steinmassen, in denen der Besucher wie in einem Labyrinth verschwindet.

Die politischen und kunsthistorischen Details über das Angkor-Reich, das im 8. Jahrhundert entstand, im 12. Jahrhundert dann auch architektonisch seine Blütezeit erlebte und im 15. Jahrhundert, geschwächt durch militärische Überfälle der benachbarten Thais, unterging – all dies steht in den Reiseführern. Steht dort ebenso detailliert verzeichnet wie in anderen Büchern die Erklärungen zu Delphi, Baalbek, dem Forum Romanum oder Borobodur in Indonesien. Etwas aber ist hier, wir spüren es, völlig anders. Mag Angkor Wat mit dem ihn umgebenden künstlichen See – ein hinduistisches Symbol für das Urmeer – noch überschaubar wirken, so wuchert die Vegetation im nur wenige Kilometer entfernten Ta Prohm um so mehr. Urwaldriesen haben sich im Laufe der Jahrhunderte an die Steinriesen herangeschoben, die breitflächigen Göttergesichter mit Zweigen, Ästen und Flechten überzogen, Tempelmauern in gigantischem Wurzelwerk eingeklemmt. Der Dschungel atmet, Vögel steigen aus den Baumkronen auf oder flattern erschreckt aus verborgenen Tempelgängen. Der Reisende kraxelt über reliefverzierte Sandsteinbrocken, hangelt sich an eingestürzten Säulen und Stelen entlang, manchmal tauchen aus einer Ecke weißgewandete, glatzköpfige und deshalb alterslos scheinende Tempelhüterinnen auf, manchmal ist es auch nur ein kleines Mädchen mit erschreckend erwachsenen Augen, das irgendeinen Krimskrams feilbietet und mit schriller Stimme »One dollar!« ruft.

Wir saßen bei Sonnenaufgang auf der obersten Plattform des Phnom Bakheng, sahen die wild sprießenden Grasbüschel auf den Dächern der uns umgebenden Tempeltürme golden aufleuchten, krochen durch die Gänge und sich nach oben hin verjüngenden Stockwerke des Bayon, der von außen einer mit Sahnesiphon in die Landschaft gesprühten Masse gleicht, innen aber ein streng symmetrisches Meisterwerk voller Buddhastatuen ist, wir hörten die Geräusche des Waldes, sahen uns immer wieder großformatigen, eher höhnisch blickenden Fratzen gegenüber, die jene mitleidigen *Lokesvaras* darstellen, die laut Mythologie aus reiner Menschenliebe auf das Nirwana und den damit verbundenen Buddha-Status freiwillig verzichteten – all das erblickten wir; verblüfft, begeistert, fasziniert. Wie André Malraux' Protagonist Claude aus dem Roman »Der Königsweg« sahen wir inmitten der einst von Zehntausenden Sklaven erbauten Tempel »diese dampfenden Gehölze aus den Anfängen der Welt«, verspürten allerdings keine Sekunde lang jenen von organischem Werden und Vergehen, Gebären und Sterben verzauberten Taumel, jene opiumsüße Indolenz, die zu Fragen wie diesen führte: »Welche Menschentat hatte hier noch Sinn? Welcher Wille konnte hier seine Kraft bewahren?«

Das zwanzigste Jahrhundert hat auch darauf eine Antwort gefunden. Der amerikanische Schriftsteller Tom Nairn spricht von »einer Version des *Triumph des Willens*, vermittelt über Mao, aber letzten Endes eher von Schopenhauer und Leni Riefenstahl herrührend als von Lenin«, und meint den Willen jener in Paris ausgebildeten Intellektuellen, deren Gruppe sich schlicht *Angkar* (»Organisation«) nannte und von 1975 bis 1979 1,8 Millionen der damals acht Millionen zählenden Bevölkerung Kambodschas ermordete. Auch hier, auch in den Tempelanlagen. Nicht nur draußen in den *Killing Fields* von Siem Reap, nicht nur in jener zum Folterzentrum umfunktionierten Pagode, in deren Nähe jetzt ein Schrein voller Schädel steht. Auch hier, im weitläufigen Areal der

Kunst, das so entrückt anmutet, wenn man auf dem Rücksitz eines Motorrads die schmalen Asphaltwege zwischen den Tempeln entlangfährt, Reisfelder und Wasserbüffel und lächelnde Menschen am Wegrand. Genau diese Menschen waren es, die in dieser Gegend stets am wenigsten zählten. »Obwohl die Göttlichkeit der Regierenden in allen von Indien beeinflussten Staaten wiederzufinden ist, gab es kein anderes Land, in dem diese Symbolik so ausgeprägt war wie in Angkor« – ein Reiseführersatz, der Böses ahnen lässt.

Nein, nicht »wie Kinder, denen man ein Geschenk gemacht hat« (Malraux), laufen wir über die verwitterten Steinquader des Banteay Kdei-Tempels, wo sich im Jahre 1923 die spätere Idealgestalt des engagierten Intellektuellen zusammen mit einer einheimischen Hilfsmannschaft mit Sägen, Steinscheren und Brechstangen ans Werk gemacht hatte, um sieben gemeißelte Blöcke aus den Tempelwänden herauszulösen und anschließend in Frankreich zu verschachern. Bereits auf dem Tonlé-Sap-See wurden die Amateur-Räuber jedoch von der französischen Protektoratspolizei verhaftet. Da sich der verhinderte Kunstdieb – der sich genau genommen ja an kambodschanischer Kultur vergangen hatte – trotz seines vom französischen Kolonialministerium erhaltenen Stipendiums plötzlich recht antikolonialistisch gab und die ihn verhörenden Beamten als »widerwärtig, niedrig« und vor allem als »weiße Männer« beschimpfte, konnte das Pariser literarische Milieu gar nicht anders, als sich für den Jungautor, der bis dahin nur ein schmales Prosabändchen veröffentlicht hatte, wortreich einzusetzen. André Breton, Max Jacob, André Gide, Gaston Gallimard, Louis Aragon – sie alle protestierten, um einen der ihren freizukriegen, einen ordinären Dieb und Schmuggler, der freilich die Gabe besaß, deprimierende Realität mit hochfahrend-pathetischen Worten zu überdecken.

Für das, was später in Banteay Kdei passierte, interessierte sich dann kein Europäer mehr, es sei denn im nachhinein. Aber es waren Menschen, die hier, genau in diesem Tempel, abgeschlachtet wurden: Während der Herrschaft Pol Pots, als auf den umliegenden Reisfeldern Tausende aus ihren Städten und Dörfern vertriebene Kambodschaner Tag und Nacht Zwangsarbeit leisten mussten, um das »Prinzip Autarkie« zu verwirklichen, befand sich in Banteay Kdei die Krankenstation. Man könnte auch sagen: das Euthanasielager. Wer dort, in die ehemalige Beichtstätte des Königs Jayavarman VII., eingeliefert wurde, dem drohte der Tod. Für Alte, Kranke, Frauen, Kinder, Kurzsichtige (jene »Individualisten«, die 1975 vorsorglich ihre Brillen weggeworfen hatten, um nicht sofort erschossen zu werden) – für alle galt die überall im Lande bekannte Devise »Angkars«: »Behalten wir dich, hat es keinen Nutzen, vernichten wir dich, ist es kein Verlust.« Dazu ein anderer Slogan, der den Vorbildcharakter einer alten Sklavenhaltergesellschaft für die angestrebte »neue Ordnung« mitsamt ihren »neuen Menschen« offenbarte: »Unser Volk war fähig, Angkor zu bauen, somit kann es jede Aufgabe erfüllen.«

Heute weiden Kühe zwischen den Tempelruinen, herrscht Stille in den Gängen, vertreiben Kinder mit ihren Plastiksandalen eine sich träge windende Schlange, weben Spinnen im Sonnenlicht ihre Netze, schweigsame Wächter einer Geschichte, an die sich keiner mehr erinnern will. Die Einheimischen nicht, die um des puren Überlebens willen kleine Schalen mit Reis, überlagerte Kodak-Filme und Kaugummi anbieten, nicht die bettelnden Minenopfer, die schweigend anklagend ihre Arm- und Beinstummel vorzeigen, aber auch nicht die Touristen, die von der Schönheit der Landschaft überwältigt sind und – mal begeistert, mal kritisch – auf jene gerodeten Waldflächen zeigen, auf denen großformatige Schilder bereits den Bau von Luxushotels wie »Angkor Palace« ankündigen. Ein Fortschritt – vorausgesetzt, der vom Boom zu erwartende Reichtum würde tatsächlich gerecht verteilt. Doch nichts weist darauf hin, auch nicht in Siem Reap selbst, wo die Straßen vor dem französischen »Sofitel« und dem »Grand Hotel d'Angkor« noch immer schlaglochübersät und staubig sind, bevölkert von hektisch dahineilenden Menschen auf der Suche nach ihrem Lebensunterhalt. Sogar der Soldat, der am Tempeleingang im Schatten einer riesigen Liane liegt, ruft »One Dollar, please« und deutet dabei auf ein Abzeichen an seiner aufgeknöpften Uniformjacke.

Und die so genannte »große« Politik? Zu Beginn der siebziger Jahre missbrauchte der Vietcong das fragil-neutrale Kambodscha als Rückzugsgebiet, was wiederum Flächenbombardements der Amerikaner nach sich zog, welche die Bevölkerung traumatisierten und die Pol-Pot-Guerilla zunächst tatsächlich als Befreier erscheinen ließen. Als 1979, nach vier Jahren Genozid, die Vietnamesen einmarschierten – eher aus geostrategischen denn humanitären Erwägungen heraus –, besann sich die UNO auf das Völkerrecht und erkannte die Mördertruppe der Roten Khmer weiterhin als rechtmäßige kambodschanische Regierung an, während Amerikaner und Engländer die in den Dschungel an der thailändischen Grenze geflüchteten Massenmörder als vietnam- und damit auch moskaufeindliche Opposition aufbauten; das Minenlegen lernten die steinzeitkommunistischen Schlächter dabei ausgerechnet vom britischen SAS.

Am Ort des Geschehens, all diese Dinge bedenkend, packt einen unvermittelt die Wut – auch auf jene Freunde, Kollegen und exlinken Intellektuellen und Konvertiten, die dem antiwestlichen Ressentiment selbstgerechter Linker mit einer ähnlich demagogischen Apologetik begegnen, welche für die vom Westen begangenen Taten allenfalls Formulierungen wie »Fehler« oder »Dummheit« parat hält. Nur ein »Fehler« also, das seit 1979 eingesetzte prosowjetische Regime ausgerechnet von einer Urwald-Armee bekämpfen zu lassen, die Verbrechen verübt hatte, welche sich mit denen Stalins und Hitlers messen konnten?

Man muss sich freilich nicht an all dies erinnern. 1993 gab es in Siem Reap das letzte Gefecht zwischen Pol-Pot-Guerillas und UN-Soldaten, bei dem 18 Mitglieder der multinationalen Friedenstruppe starben, 1995 wurde in der Tempelregion der letzte Tourist ermordet, 1996 der letzte Ausländer – der britische Minenräumer Christopher Howes – entführt und umgebracht. Es lässt sich jetzt also sehr wohl entspannt in der von einem Franzosen betriebenen schicken Restaurant-Galerie am See von Angkor Wat sitzen, Weißwein trinken und Salade Niçoise essen.

Man könnte allerdings auch – am Nachmittag, wenn die Aufnahmefähigkeit bereits erschöpt ist – auf einem Moto-Rücksitz den leichten Windhauch genießen, am Kontrollpunkt des Tempelareals der uniformierten Ticketverkäuferin, die einst in der DDR Deutsch gelernt hat, freundlich zuwinken und sich auf eine Stadttour durch Siem Reap begeben – ein paar übriggebliebene Kolonialbauten, die Villa König Sihanouks, die Kinderklinik des berühmten Schweizer Arztes Beat Richner, die Markthallen mit ihren unzähligen Produkten und Gerüchen und schließlich, für den Exotik-Kick, die Krokodilfarm. Dutzende bewegungsloser Tiere, mit offenem Maul in der Sonne liegend.

Stimmt es, dass zuzeiten Pol Pots den Krokodilen lebende Menschen zum Fraß vorgeworfen wurden? Die jungen Mädchen, die am Eingang stehen und für die Besichtigung ein paar Riel-Scheine entgegennehmen, wissen es nicht, wollen es nicht wissen oder verstehen nicht genug Englisch. »Your are right«, sagen hingegen kichernd unsere Moto-Fahrer. Wir rechnen kurz nach. Damals waren sie noch nicht einmal geboren, ihre Eltern und Verwandten aber mussten alles miterlebt haben – als Opfer, Täter, zu Opfern gewordene Täter, oder schlicht als jene, denen es gelang, die Köpfe während der Schufterei im Reisfeld einzuziehen, den Anforderungen der offiziellen Schulungsveranstaltungen und den fortwährenden Ritualen der Selbstkritik zu genügen, um nicht wie ihre Leidensgenossen mit dem Spaten erschlagen zu werden. Aber auch das werden wir nie wissen.

»Karaoke, do you want Karaoke?« Nein, nicht zu den Karaoke-Hütten im Norden der Stadt wollen wir, sondern in das Minen-Museum des Herrn Aki, der sein Leben dem Kampf gegen die Landminen gewidmet hat, von denen noch immer rund zweieinhalb Millionen nicht gefunden und nicht entschärft sind. Geboren 1973, wurde er – nach der Ermordung seiner Eltern durch die

Roten Khmer – dazu gezwungen, auf den Feldern Zwangsarbeit zu leisten, ehe er fliehen und sich ein paar Jahre später den vietnamesischen Truppen anschließen konnte. Diese verminten dann auch jenes Feld, um so die Rückkehr der Pol-Pot-Truppen unmöglich zu machen; eine Aktion, die jedoch vor allem Zivilisten das Leben kostete. Seit Beginn der neunziger Jahre hat sich Herr Aki zu einem Minenräumexperten entwickelt, der die traumatischen Erlebnisse der Opfer in selbstgemalten Bildern festgehalten hat. Wer könnte sich solch drastischem Naturalismus entziehen: ein Aufschrei auf Papier, der sich nicht um politische Rücksichtnahmen und Koalitionen schert. Der Gouverneur Siem Reaps aber hatte genau dies letztes Jahr zum Anlass genommen, das kleine bescheidene Haus schließen zu lassen. Erst Herrn Akis Einwand, mit dem Museum kämen doch nicht nur Besucher, sondern auch Dollars, von denen er dann wieder einen Teil an den Staat abführen könne, überzeugten den Statthalter der Macht. Ideologiefreie Korruption als relativer Segen?

Noch einmal, ehe es am nächsten Morgen mit dem Boot über den Tonlé-Sap-See hinunter nach Phnom Penh geht, begeben wir uns in das Reich Angkors. Es war im Tempel Ta Som, als uns zwei kambodschanische Frauen ansprachen; als Reiseführerinnen waren sie froh über die Gelegenheit, ein wenig ihr Französisch aufzufrischen. Beide halten weiße Sonnenschirme in den Händen, jede ihrer Bewegungen von graziler Schönheit, aber richtig zu lächeln beginnen sie erst, als wir sie nach der Vergangenheit fragen – ein Lächeln als Verlegenheitsmimik, als Selbstschutz. »Nein, wir haben keine Eltern mehr. Unsere Mutter ist an Erschöpfung gestorben, der Vater wurde ermordet, weil er Arzt war. Gemeinsam sind wir auf die Felder geschickt worden, aber unser Vater wusste doch nicht, wie man 18 Stunden lang schweigend und in gebückter Haltung Reispflanzen in den Morast steckt. ›Wir werden es dich lehren‹, haben die schwarzgekleideten Garden der Roten Khmer gesagt und den Vater weggebracht. Wir haben ihn nie wiedergesehen.«

Ihre nervösen Handbewegungen am gedrechselten Griff der Sonnenschirme, unser Schweigen. Wie gut, dass wir vor einer Tempelmauer stehen! Schnell kann daher das Thema gewechselt werden, eilig kommt man auf die Lotusblumen zu sprechen, die immer wiederkehrenden Symbole. Wie nachdrücklich und beinahe dankbar die beiden Frauen auf eine besonders pittoreske Statue zeigen – halb Buddha, halb Hindugott, von der Luftfeuchtigkeit und den Wassermassen, die bei jedem Monsun vom Himmel stürzen, beinahe unkenntlich gemacht. Nichts ist so, wie es ist, wie es einmal war.

Phnom Penh. »Phnom Penh und Berlin. Phnom Penh *vor* Berlin. Es ist komisch, dass die Leute nicht daran denken.« Zu Beginn der neunziger Jahre wunderte sich der französische Philosoph Bernard-Henri Lévy noch darüber, warum die gescheiterte Idee des Kommunismus eher mit dem Fall der Berliner Mauer anstatt mit den verwaisten, nach dem Einmarsch der Roten Khmer am 17. April 1975 von allen Menschen *gesäuberten* Straßen Phnom Penhs assoziiert wurde – wo doch gerade hier das Resultat der alten Intellektuellen-Hybris, »von null wieder anzufangen«, auf das eindringlichste zu besichtigen sei. Nun, inzwischen hat sich Phnom Penh gewandelt. 1992 hatten hier die Deutschen ihren ersten UN-Einsatz, kamen 22.000 Soldaten und zivile Mitarbeiter aus allen Nationen hierher, um freie Wahlen zu organisieren. Wenn es die UNTAC (United Nations Transitional Authority in Cambodia) auch nicht schaffte, das Land völlig zu befrieden, und sich (mit Ausnahme einiger weniger noch heute an der thailändischen Grenze kampicrender Kämpfer) der überwiegende Teil der Roten Khmer Ende der neunziger Jahre ergab, um als nunmehr geläutert erneut Spitzenpositionen in Wirtschaft, Militär und Politik zu besetzen, so brachte die Ankunft Tausender Fremder dennoch einen Modernisierungsschub ungeahnten Ausmaßes. So ungeahnt, dass manchen Phnom Penh-Besucher sogleich eine Mischung aus Amnesie und Zeitgeist-Hysterie befällt.

»Abends fahren die ausländischen Bewohner in alten Karmann-Ghias die Promenade hinauf und hinunter, und einmal sahen meine Begleiterin und ich einen offenen Jaguar E-Type, am Steuer eine Französin, die hellbraunen Haare in ein Hermès-Tuch gewickelt [...] Andertags verließen meine Begleiterin und ich das ausgezeichnete Hotel, in dem wir wohnten. Bevor wir zum Flughafen fuhren, packten wir noch das Gratis-Schampoo und den Conditioner von Floris in unser Gepäck, die Zahnbürste und die Duschhaube.« Immerhin: Duschhaube statt Tempelrelief. Und Christian Kracht, Autor obiger Zeilen, »Pop-Literat« und Verfasser als »kultig« gepriesener Bücher, ist alles andere als ein Urenkel von Malraux. Der passionierte, wenngleich skrupellose Kunstliebhaber von einst ist zum schnöseligen Dritte-Welt-Flaneur mutiert, der es vermutlich schrill und ironisch findet, statt der greifbaren Gegenwart eines geschundenen Landes und seiner Bewohner lediglich eine Französin mit Hermès-Tuch zu beschreiben. Obwohl – die Stadt macht es solchen Besuchern nicht allzu schwer. Weshalb die weit außerhalb des Zentrums gelegenen *Killing Fields* besuchen, weshalb in der Mittagshitze durch das ehemalige Untersuchungsgefängnis Tuol Sleng trotten, dessen Museumsführer so ernst sind und derart simples Englisch oder Französisch sprechen? Warum sich beim Gang über den Markt daran erinnern, wie Pol Pots Vernichtungsplan immer weiter ausgriff – mit den vietnamesischen und chinesischen Händlern zuerst die »fremden Elemente«, mit Angehörigen der alten Staatsbürokratie, Lehrern, Ärzten, Intellektuellen danach die »dem Volk Entfremdeten« und im Anschluss daran jene Hunderttausende aus dem Volk, die zwar Khmer, aber noch keine »echten Khmer« waren. Weshalb darüber nachdenken, von Schlammpfütze zu Schlammpfütze springend und vorbeirasenden Motorrädern und Autos ausweichend, wenn sich viel einfacher – und der einheimischen Leserschaft ungleich besser vermittelbar – schildern ließe, welche Kopien westlicher Markenware hier allerorten feilgeboten werden.

Sich also lieber nicht vorstellen, wie im April 1975 die gesamte Bevölkerung Phnom Penhs unter der Drohung, bei Befehlsverweigerung sofort erschossen zu werden, durch die Straßen und über die Boulevards getrieben wurde, durch die Vororte, in die Dörfer hinein, wo Tausende verhungerten, umgebracht wurden oder die Strapazen der Zwangsarbeit nicht überlebten. Einfach wird einem das Vergessen gemacht in dieser einem arg lädierten Nizza ähnelnden Stadt, wo die meisten Bewohner nicht älter als zwanzig sind, die Lebenserwartung aufgrund der medizinischen Misere gering ist, Arbeitslosigkeit und Analphabetismus grassieren und kollektives Erinnern als illusionärer Luxus erscheint. Im Zweifelsfall, wenn der Besucher allzu insistierend fragt, genügt ein missverstehendes Lächeln: »Ladies, Sir, do you want Ladies? I know place.«

Natürlich geht es auch indirekter: sozusagen professioneller. *Sweet Home Alabama*, röhrt es aus den Lautsprechern des »Heart of Darkness«, Phnom Penhs berühmtester Bar, ein paar Häuserblocks hinter der Promenade am Mekong-Fluss gelegen. Wer von den hier herumstehenden und mit Trinkstäbchen an ihren Whisky-Colas ziehenden Kambodschanerinnen noch keinen der mittelalten, schmerbäuchigen NGO- und UN-Mitarbeiter abgekriegt hat, geht jetzt unverzüglich unter den Neuankömmlingen auf Fang. Auswahl gibt es genug: australische, neuseeländische, englische Traveller und Gruppenreisende mit kurzgeschorenem Haar, »Heineken«-Dose in der Hand und forschen, ein wenig zu forschen Gesten. Highlife im Land des Massenmords. Beim Anblick der psychedelischen Wandzeichnungen in den gleichen schrillen Neonfarben wie im Berliner Kitkat-Club der Gedanke an die jüngste Heimsuchung Kambodschas: Die Anfang der neunziger Jahre ins Land gekommenen UNTAC-Truppen, die mehr schlecht als recht eine (Schein-)Demokratie etablieren halfen, brachten vor allem eines ins Land: AIDS. Eine rasant um sich greifende Epidemie, die nun wiederum von der UN und jenen Nichtregierungs-Organisationen bekämpft werden soll, deren frustrierte Mitarbeiter jetzt in den Armen anamitischer Prostituierter beiderlei

Geschlechts im »Heart of Darkness« oder im legendären »Foreign Correspondents' Club« trinken und reden und warten und dösen. Mag hier im FCC auch auf einem Wandsockel eine alte Reporter-Schreibmaschine heroische Wahrheitssuche assoziieren – jene, die da gerade vor ihren Cocktails sitzen und von der Terrasse auf den nächtlichen Mekong hinabschauen, sind wohl kaum Journalisten vom Kaliber eines Sydney Schanberg. Ein Mann, der Anfang der siebziger Jahre Kambodscha-Korrespondent der *New York Times* gewesen war und während der Pol-Pot-Herrschaft, als er sich selbst bereits in Sicherheit befand, dennoch nichts unversucht gelassen hatte, um seinen ehemaligen Assistenten Dith Pran aus der Hölle dieses Landes zu retten – Roland Joffé drehte nach dieser wahren Geschichte seinen berühmtesten Film »The Killing Fields«. Heute finden sich Buchversion und Videotape des Films im Bookshop des FCC, direkt neben neuen und durch die Luftfeuchtigkeit noch kaum angegriffenen Ausgaben von *Esquire* und *Marie Claire*. Und wahrscheinlich ist das gut so; der für kurze Zeit Zugereiste sollte nicht so besserwisserisch herummäkeln. Und dennoch spukt der Satz des französischen Surrealisten Henri Michaux in meinem Kopf herum: »Die Städte sind für die jungen Leute eine gute Einübung in den Hass.« Dritte-Welt-Städte, so müsste man hinzufügen, die nichts für westliche Liebhaber des Urbanen bereithalten: keine zivilgesellschaftlich verfasste Agora, wo alle naselang ein Citoyen um die Ecke biegen würde, den *New Yorker* unter dem Arm. Statt dessen eine tagsüber Staub und Dreck aufwirbelnde und den Rickschafahrern schmutzig graue Tücher vor den Mund zwingende Maschinerie, die sich nachts in eine stinkende Kloake verwandelt, auch wenn die künstlichen kleinen Bäumchen vor den noblen französischen Restaurants am Preah-Sisowath-Boulevard dies alles gnädig zu verbergen suchen. Trotzdem. Nicht *die* Stadt, sondern *solche* Städte. Und nicht einmal *alle* Metropolen der Region: Singapur mit seinen Grünanlagen, Elektroautos und kleinen Häuschen selbst für die Ärmeren beweist, dass auch andere Entwicklungen möglich sind. Ebenfalls gerade hier nicht zu vergessen: Es war nicht der Hass auf die Missbräuche innerhalb städtischer Geld- und Machtkonzentration, sondern auf die Gepflogenheiten, höchstwahrscheinlich schon die *Idee* urbaner Toleranz, welche die Roten Khmer die Städte entvölkern und nahezu all ihre Bewohner massakrieren ließ. Außerdem: »Wir fühlten uns wie dunkle Affen aus den Bergen« – dieser Pol-Pot-Satz bezog sich nicht etwa auf seine Erfahrungen in Phnom Penh, in welcher der Sohn wohlhabender Bauern immerhin am Hofe lebte, ein königliches Kloster und eine katholische Elite-Schule besuchte, sondern auf die Stadt Paris. Paris, wo Pol Pot, der damals noch Saloth Sar hieß, per königlichem Stipendium studierte, sich dennoch seiner privilegierten Stellung beraubt sah und zusammen mit einigen Altersgenossen Halt bei der Kommunistischen Partei Frankreichs fand. *Dort* entstand die Idee eines agrarisch-autarken, ethisch und ideologisch homogenen Staates, dessen Wirtschafts- und Geistesbeziehungen mit allen anderen Ländern und Kulturen radikal gekappt werden sollten.

»Die Lösung könnte nur die Umkehr sein: die Gesichtswendung nach Osten, die Absage an den Westen, die Loslösung von Liberalismus, von Bürgerlichkeit und europäischer Zivilisation. Ostorientierung und Entbürgerlichung sind ein und dasselbe; Ostorientierung wäre Rückkehr zum Land, Auflehnung gegen die Stadt, Mut zu bäuerlicher ›Barbarei‹ und Primitivität.« Unwahrscheinlich, wenngleich nicht ganz auszuschließen, dass Khieu Samphan (späterer »Bruder Nr. 2«), der als Pariser Student in den fünfziger Jahren Verfasser des eigentlichen Grundlagendokuments jenes »Steinzeitkommunismus« war, diese Sätze des deutschen Nationalbolschewisten und links-rechten Westhassers Ernst Niekisch je gelesen hat. Die Übereinstimmungen sind jedenfalls frappierend.

Im »FCC« oder im »Heart of Darkness« ist das wirkliche Herz der Dunkelheit dagegen bestenfalls als frivoles Zitat präsent, in einer Atmosphäre freudloser Ambiguität, die keinen Erkenntnisgewinn verspricht. (»Ich fürchte mich vor der Einsamkeit, vor dem Presseclub und einem öden Zimmer in einer Pension«, sagt der englische Journalist Fowler in Graham Greenes Indochina-Roman »Der stille Amerikaner«, und ebendies scheinen auch die Gesten und nichtgesagten Worte der hier gestrandeten Europäer auszudrücken.) Zeit, sich einer Wirklichkeit auszusetzen, deren Konturen schärfer sind.

Einst war das heutige Tuol-Sleng-Museum eine Schule namens Tuol Svay Prey. Danach wurde aus den drei Gebäudekomplexen das Foltergefängnis S 21, von dessen 20.000 Häftlingen – Männern, Frauen und Kindern – nicht mehr als sieben Menschen überlebten. Aus den Klassenzimmern wurden Verhörzimmer, kollektive Auspeitschungs-Räume oder Gefängniszellen, Mini-Verliese, in denen die Häftlinge auf dem Betonboden angekettet waren. Manch einer der Insassen hatte einst selbst Verhaftungen und Folterungen angeordnet und war nun ebenfalls zum Opfer eines paranoiden stalinistischen Säuberungsrituals geworden, das jetzt auch verdächtig gewordene Funktionäre der Roten Khmer samt ihren Familien traf. Regel Nr. 5 für die Verhörten, auf einer Holztafel in anmutiger Khmer-Schrift niedergeschrieben: »Sprich nicht über deinen Immoralismus und nicht über das Wesen der Revolution.« S 21 war kein Ort für ideologische Debatten, wie sie noch in Arthur Koestlers »Sonnenfinsternis« zwischen dem Altbolschewisten Rubaschow und seinem Verhörer Gletkin zu lesen sind. Regel Nr. 6: »Wenn du Schläge und Elektroschocks bekommst, hast du nicht zu schreien.« Manche, die dennoch schrien, wurden zur Exekution gar nicht erst auf die *Killing Fields* außerhalb der Stadt gebracht, sondern gleich hier, hinter dem Gebäude A verscharrt – da, wo jetzt Bananenstauden wachsen. Das verrostete Gerüst vor Gebäude B erinnert heute wieder an jene Schaukel für Gymnasiasten, als die es zuvor diente, ehe hier Häftlinge an Händen und Füßen aufgehängt wurden. Eine Tropenversion von »1984«: Statt des berüchtigten Rattenkäfigs, den man den Delinquenten auf die Kopfhaut setzte, eine gazevergitterte Holzkiste, in der sich Skorpione befanden; sie wurde Frauen, denen man vorher die Brustwarzen aufgeschnitten hatte, auf den Körper gepresst. Spätestens beim Blick auf die bis zum Rand mit Kleidungsstücken Ermordeter gefüllte Vitrine stellt sich die Assoziation zu Auschwitz ein, werden alle Debatten über Vergleichsverbot und Vergleichen-Dürfen hinfällig.

»Mein Cousin wurde im Fluss ertränkt«, sagt die Museumsführerin, die uns bittet, sie nicht zu fotografieren und auch ihren Namen nicht zu nennen, »meinen Bruder haben sie per Genickschuss im Süden getötet, mein Ehemann wurde nahe der thailändischen Grenze erschossen.« Sie weist auf eine an der Wand angebrachte Karte Kambodschas, die lauter Schädel zeigt, und geleitet uns anschließend in einen Raum mit Fotografien: Foto Nr. 320: eine junge Frau mit einem Kleinkind im Arm. Foto 229: die aufgerissenen Augen eines Halbwüchsigen, der nicht versteht, was ihm da geschehen soll. Bilder über Bilder, Menschen mit blutigem Oberkörper, nachdem die Sicherheitsnadel mit der beigefügten Häftlingsnummer direkt in die Haut gestochen worden war.

»Pol Pot ist seit 1998 tot«, sagt die Museumsführerin, »aber ich habe noch immer Angst; es gibt Gründe dafür.« Dann weist sie lächelnd auf den Museumsshop, wo mit Visacard bezahlt werden kann und die Verkäuferin gelangweilt MTV schaut. »Do you want guns?« fragen uns draußen vor dem Eingang zwei Moto-Fahrer und erzählen, was auf den *Killing Fields* gerade die neueste Touristenattraktion ist: Rattenschießen; *ten bulletts one Dollar*. Enttäuscht zucken sie die Achseln, als wir ablehnen, fahren uns aber geschickt, zwischen LKWs aus sowjetischer Produktion und abgehalfterten ungarischen Ikarusbussen hindurchlavierend, gigantischen Schlaglöchern ausweichend, hinaus aus der Stadt, hin zu jenem Ort, der zur Metapher geworden ist: Der 45 Meter hohe Tempel, dessen Inneres bis zur Decke mit Schädeln und Knochen gefüllt ist, die großflächige Wiese, deren Vertiefungen ausgehobene Massengräber sind. Ab und zu Weißes zwischen den Grasbüscheln, in die Erde eingedrückt und dennoch sichtbar; Knochenreste eines hier mit Hacke oder Schaufel Ermordeten; einer von 20.000.

Und die Täter? »Vielleicht sind sie wieder Bauern geworden«, sagt der Mann, der neben dem Coca-Cola-Automaten die Eintrittskarten verkauft. »Vielleicht sind sie auch geflüchtet, nach Australien, Frankreich, Kanada, in die USA. Ein kleiner Tip, falls Sie Kambodschaner treffen: Fragen Sie immer, in welchem Jahr sie emigriert sind.« Der Mann lächelt, als habe er uns den Gewinnschlüssel zu einem Quiz-Spiel verschafft. Welche Masken trägt die Wahrheit, um sich zu schützen, welche die Lüge?

Auf dem Rückweg am Straßenrand, vor Hütten oder kleinen Läden, dann immer wieder jene zwischen zwei Holzpfosten befestigten Schilder, die wir schon in Siem Reap sahen: Zwischen den Pfosten kann man hindurchgehen, aber die angebliche Pforte öffnet sich in ein Nirgendwo. Wichtig sind nur die Buchstaben auf dem blaugestrichenen Brett darüber, drei unterschiedliche Parteinamen. Stecken sie Einfluss-Claims ab? Dafür stehen sie zu nah beieinander. Möglicherweise hat man den dahinter Wohnenden etwas Geld gezahlt, damit sie die Schilder aufstellten. CCP – Cambodian People's Party, steht auf Englisch und in der Khmer-Sprache zu lesen, um die regierende Partei des Ministerpräsidenten Hun Sen zu feiern, jenes Mannes, der 1977 von den Roten Khmer zu den Vietnamesen überlief, in den achtziger Jahren als – auch vom *Neuen Deutschland* – geschätzter »Genosse Hun Sen« dem okkupierten Ostblock-Land vorstand, ehe er in den Neunzigern trotz unentschieden ausgegangener Wahlen und nach allerlei Ränkespielen als autoritärer Herrscher seine Machtposition ausbauen konnte. Auf der anderen Straßenseite ist dagegen der Name der größten, von König Sihanouk unterstützten Oppositionspartei zu lesen, FUNCINPEC, die französische Abkürzung für die »Vereinigte nationale Front für ein unabhängiges, neutrales, friedliches und kooperatives Kambodscha«. Als Hun Sen, der aus machiavellistischen Gründen immer wieder ehemalige Pol-Pot-Kämpfer und Funktionäre zum Übertritt in seine Partei, seine Armee ermunterte, im Juli 1997 gegen seinen Mit-Ministerpräsidenten Ranariddh putschte und schwere Kämpfe in Phnom Penh auslöste, war im Westen die Aufregung groß. Brutale Ausschaltung des politischen Kontrahenten – so etwas rief nach sofortigem Stop sämtlicher Entwicklungs- und Finanzhilfen. Was anscheinend nicht bemerkt wurde war die Tatsache, dass Prinz Ranariddh seinerseits versucht hatte, immer mehr Rote Khmer auf seine Seite zu bringen, die alt-neue Soldateska sogar vor den Toren der Hauptstadt kasernierte und zeitgleich im Dschungel mit dem einbeinigen General Ta Mok verhandeln ließ, der während der Pol-Pot-Zeit als »der Schlächter« bekannt war und nach Schätzungen von Historikern für die Ermordung von mehr als 90.000 Menschen verantwortlich ist. Verbrecher unter sich und ein naiv-westliches Koordinatensystem, das hier nicht im Geringsten greift. Es sei denn, man setze seine Hoffnungen auf Schild Nummer 3, mit dem Bild einer in der Dunkelheit brennenden Kerze, und jene Sam-Rainsy-Party, die nach dem wohl einzigen nicht unter Korruptionsverdacht stehenden Politiker des Landes benannt ist: Sam Rainsy, der 1994 unter Protest als Finanzminister zurücktrat, von seiner Partei FUNCINPEC ausgeschlossen wurde und seither als Anwalt für Demokratie und Menschenrechte gilt, dessen neugegründete Partei vor allem von den gebildeten Schichten in den Städten gewählt wird. Und Rainsys Hass auf die Vietnamesen, seine rassistischen Reden vor aufgeputschten Menschenmengen – Taktik oder Überzeugung? Offene Fragen, lächelnde Gesichter.

November 2001

Postscriptum:
Sam Rainsy bleibt trotz aller Schattenseiten einer der faszinierendsten Politiker Kambodschas: 2005 als regierungskritischer und immer wieder die herrschende Korruption anklagender Parlamentsabgeordneter nach Frankreich geflüchtet, um einer drohenden Verhaftung zu entgehen, machte bereits ein Jahr später

internationaler Druck seine Rückkehr möglich. Im Sommer 2008 sorgte er vor allem als Kritiker des Rote-Khmer-Tribunals für Schlagzeilen – zu selektiv und auf wenige Sündenböcke konzentriert sei die juristische Aufarbeitung der Pol-Pot-Zeit. Während der einstige Foltergeneral Ta Mok bereits im Jahre 2006 verstorben war und sowohl der 82-jährige Ex-Außenminister Ieng Sary wie auch der damalige Chefideologe Nuon Chea (»Bruder Nr. 3«) sich angeblich an nichts erinnern konnten und nun schon seit Monaten das Gericht narrten, wagte sich kein Ermittler an den amtierenden Außenminister Hor Namhong. Dieser sei in den siebziger Jahren Direktor des Gefängnisses Beoung Trabek gewesen, wo Kambodschaner ebenso wie ausländische Diplomaten gefoltert und ermordet wurden. Die Regierung von Premierminister Hun Sen drohte darauf Sam Rainsy erneut mit dem Verlust seiner parlamentarischen Immunität.

Das Casino im Dschungel:
An Kambodschas einstiger Côte d'Azur

Rinder waren es, keine Pferde. Gegen das Sonnenlicht ungewöhnlich schmal, von brauner und weißer Farbe, galoppierten sie den Strand entlang, und es dauerte eine Weile, bis der im Liegestuhl ausgestreckte Fremde mit blinzelndem Auge erkennen konnte, um welche Tiere es sich handelte. Der Fremde liegt im Schutz eines massiven, in die Erde gerammten Sonnenschirms aus Schilf, dessen konische Form den Hüten jener Frauen gleicht, die unweit im Schatten der Palmen sitzen, Reis kochen, Shrimps schälen, Ananas in Stücke schneiden und dabei unablässig Khmer-Lieder summen.

»Angkar hat tausend Augen – so wie die Ananas« aber wird bestimmt nicht zu ihrem Repertoire gehören; der zum furchterregenden Slogan gewordene Revolutionssong über die Allwissenheit der kommunistischen Partei stammt aus einer Zeit, über die man hier lieber nicht spricht. Der feinsandige Ocheurteal-Strand gilt als der schönste Kambodschas, und doch gibt es kaum Menschen, die dies bezeugen. Sihanoukville, 1965 rund um den neuerrichteten modernen Tiefseehafen auf dem Boden ehemaliger Mangrovenwälder gegründet, hatte nicht immer Sihanoukville heißen dürfen: Nicht unter dem 1970 mit amerikanischer Hilfe installierten korrupten Marschall Lon Nol, erst recht nicht während des mörderischen Pol-Pot-Regimes, aber auch nicht in den Zeiten der vietnamesischen Besatzung. Nun verwenden die Einheimischen beide Namen – Kompomg Som und Sihanoukville – doch was die Stadt früher einmal darstellte, scheint keiner mehr zu wissen.

Dennoch versuchen wir, das alte Opernhaus ausfindig zu machen. »Opera?« Weder im offiziellen Tourismusbüro noch im angrenzenden Holzgebäude einer Schulbehörde kennt man das Wort. »Cobra – do you want to see Cobra?« Desweiteren im Angebot der hilfsbereiten, bemühten Beamten: Karaoke und Disco.

Das mag witzig scheinen, ist es jedoch nicht. Keine Komödie wird hier gegeben, eher die Tragödie eines Volkes, das unter Pol Pot von 1975 bis 1979 nahezu seiner gesamten Elite beraubt wurde; bereits ein Brillenträger galt als Todeskandidat. Besser, man kannte keine Fremdsprache, besaß keine Bücher, hatte von so etwas Bourgeois-Dekadentem wie einer Oper noch nie etwas gehört.

Schließlich aber finden wir doch noch das ehemalige Opernhaus, einen typisch funktionalen Sechziger-Jahre-Bau voller Betonrundungen. Alle Türen verschlossen, wucherndes Gras zwischen den Portalstufen, und auf dem Vorplatz parken keine Cabrios mehr, sondern weiden Kühe, von Kindern mit Holzstöcken mal in die eine, mal in die andere Richtung geprügelt und geschubst. Und doch – selbst dieser Geisterort scheint mehr (steinernern erinnertes) Leben zu bewahren als all jene neuen Guesthouses am Victory-Beach, wo die Pioniere der internationalen Traveller-Communitiy bei dem hier in der Stadt gebrauten »Angkor«-Bier sitzen, Zigaretten drehen, müßig in Raubkopien von Alex Garlands Bestseller »The Beach« herumblättern und die Kollektiv-Version einer vermeintlichen Individualreise so fraglos hinnehmen, dass sich jede Frage nach der schweigenden Vergangenheit des Ortes zu erübrigen scheint. Ist es womöglich der Reflex auf das gleichbleibende Lächeln der Einheimischen und die forsch ausgetauschten *Diving Infos* der Traveller, dass es auf einmal beinahe unaufschiebbar erscheint, herauszufinden, was diese heute derart in sich ruhende, paradiesische Ecke im Südosten Kambodschas früher ausgezeichnet hatte?

Trotz ihrer Beteuerung, es gebe da überhaupt nichts zu sehen, können wir zwei Motorrad-Taxifahrer dazu überreden, von einem der westlich des Zentrums gelegenen Strände in eine hügelan führende, schlaglochübersäte Straße einzubiegen, wo sich die Palmenwipfel auf beiden Seiten des Weges zueinanderneigen und plötzlich den Blick auf ein Gebäude freigeben, das eine formidable Filmkulisse abgeben könnte. Voilà – das »Independence Hotel«, bis 1975 die luxuriöseste Unterkunft der Stadt! Heute gleicht sie jenen zu Betonruinen verkommenen Bettenburgen von Beirut bis Varosha, wo die Illusion, Zivilisation sei vor allem Tourismus und Konsum, durch politischen Fanatismus brachial zerstört wurde. Wäre dies ein Film, den wir hier sehen, er müsste wohl so beginnen: Ein kurzer Schwenk über den ehemaligen Swimmingpool, in dessen grünverfärbtem Wasser Plastikflaschen dümpeln und danach die Totalaufnahme des Hoteleingangs, wo gerade auf einem Holzkohlenfeuer Suppe gekocht wird, Grillen zirpen, räudige Hunde und Schweine und Hühner durchs Bild laufen, während sich die um das Feuer versammelten Einheimischen zu fragen scheinen, was uns Besucher ausgerechnet zu diesem gottverlassenen Ort geführt haben mag. Dennoch winken sie uns zu und weisen mit vager Geste in das Innere des ausgebrannten und fensterlosen Baus. Im einstigen Tanzsaal hängen verstaubte Kristallüster unter der von Schimmel zerfressenen Stuckdecke, Spinnen weben ihre Netze, laut hallen unsere Schritte und werden gleich wieder von der wuchernden Vegetation verschluckt, die schon vor den Fensterhöhlen beginnt und das einstige »Independence Hotel« zu einem verwunschenen Dschungelort macht. Dies hier aber ist weder ein Film noch ein Märchen, der böse Zauberer hatte einen konkreten Namen und eine knallharte Ideologie – und der einstige Prinz, Sihanouk mit Namen, ist zwar seit 1993 König dieses geschundenen Landes, aber alles andere als eine Lichtgestalt. Herrschte nicht auch in den goldenen Fünfzigern und Sechzigern, als der Prinz noch jung und die französischen Fremdherrscher vertrieben waren, Armut und Korruption, waren die rauschenden Feste in diesem Saal nicht ignorante Tänze auf dem Vulkan? War sich Sihanouk, das prinzipienlose Stehaufmännchen, nicht zu schade, von Peking über Moskau bis nach Washington um Alliierte zu buhlen und nach dem Sturz Pol Pots im Jahre 1979 zusammen mit den Verbrechern der Roten Khmer eine vom Westen finanziell unterstützte Guerilla zu gründen, die mordete und Minen legte? Dieser Abend, wie könnte es anders sein, wird keine Antworten bringen.

Nächste Station Kampot. Es ist sechs Uhr morgens in Sihanoukville, und vor dem maroden Gebäude der *Royal Railways Station* grasen Schweine und Rinder. Eine Fahrt nach Kampot dauert sechs Stunden. Sechs Stunden für umgerechnet 3 Mark – das wird keine Reise im *Train Corail*. Wieder Hühner im Abteil, wieder Kochtöpfe auf den anscheinend feuerfesten Holzbohlen am Boden, und bei einer Geschwindigkeit von zwanzig Kilometern pro Stunde ein Blick auf die Berge und Reisfelder, auf menschenleere Strände und kleine Dörfer, die zwar mit ihren Pfahlbauten und Wasserbüffeln nicht wirklich an Villefranche oder Èze erinnern und doch in ihrer Sanftheit einstmals wundersame Assoziationen geweckt haben müssen.

»Wenn im Stadtpark die Laternen ...« In Kampot leuchten sie, sobald die Sonne über dem Stoeng Keo-Fluss untergegangen und die dahinterliegende Bergkette in goldgelbes, schließlich mauvefarbenes Licht getaucht hat. Bis Mitte der neunziger Jahre saßen dort die versprengten Reste der Roten Khmer und terrorisierten jenen Teil der Bevölkerung, der die Jahre 1975-1979 überlebt hatte. Und die Laternen – sie leuchten nur auf jenem Abschnitt der einst von den Franzosen angelegten Uferpromenade, auf deren gegenüberliegender Straßenseite der Gebietsgouverneur ein palaisartiges Haus bewohnt. Die restlichen Villen verfallen und bewahren sich dennoch – trotz der zu vermutenden kolonialen Arroganz ihrer Erbauer und ehemaligen Bewohner – so etwas wie Form, Zivilität, Kultur, Gedächtnis. Ist es geschmacklos, ausgerechnet in einem Gebiet, wo besonders viele Menschen Opfer des organisierten Massenmordes wurden, nach europäischer Architektur Ausschau zu halten?

Herr Lim, Reiseführer und Manager des kleinen »Marco Polo Hotels«, versteht die Skrupel nicht. »Meinem Vater gelang es, während der Fahrt nach Bokor vom Lastwagen zu springen und sich im Wald zu verbergen. Ich zeige Ihnen die Stelle. Sie sehen den Berg und das Casino, vielleicht sogar Tiger – für nur zwanzig Dollar pro Person.« Eine Mischung aus Gesprächstherapie und Touristenführung, und keineswegs jenes berühmte Khmer-Lächeln, mit dem hier ansonsten alle Fragen nach der jüngsten Vergangenheit abgeblockt werden.

Vierzehn Berge, wuchtige grüne Stufen einer in der Tropenhitze dampfenden Treppe, und schließlich in 1080 Meter luftiger Höhe ein Casino, dessen Haupt- und Seitenflügel der strengen Symmetrie des Tempels von Angkor Wat nachempfunden sind. Herr Lim trägt die zerfledderten Kopien alter Schwarzweiß-Fotos bei sich; sie zeigen Damen mit hochtoupiertem Haar und Herren in dunklem Smoking, die aus Buicks und Chevrolets steigen, sich über Roulettetische beugen oder auf der Terasse des Casinos mit Champagnergläsern auf das Glück eines erfolgreichen Abends anstoßen. *Les jeux sont fait*; Spiele aus einer anderen Welt.

Naheliegende, aber falsche Frage, wenn man jetzt durch die drei Etagen des Casinos streift und die aus Balustraden und Erkern sprießenden Grasbüschel betrachtet: Musste es nicht so kommen, gebar derart verfeinerter Lifestyle nicht gerade jenen atavistischen Hass, den die Roten Khmer schließlich hier mordend auslebten? Aber da ist Herrn Lims Stimme, die durch die verwüsteten, zerschossenen Räume dringt: »Die Casinobesucher waren ja 1975 längst weg. Geblieben waren nur Leute wie mein Vater, die fatalerweise auf die Frage, ob sie eine Fremdsprache beherrschten, mit ›Ja‹ antworteten. Etwas unterhalb des Casinos sind die meisten seiner Freunde mit gefesselten Händen in die Schlucht hinabgestoßen worden, manchem wurde vorher mit einer Spitzhacke der Schädel zertrümmert.«

Herr Lim sagt es fast beiläufig und führt die Besucher anschließend hinüber zur katholischen Kirche, die ebenso wie die imposante Casino-Ruine inzwischen eine rötlich-braune Fassade besitzt: von der Sonne verfärbte Moosflechten. Ästhetik noch im Verfall, und der eigentlich banale Gedanke, dass Schönheit und Stil in jedem Fall verteidigungswert seien – wer sie als überflüssig verneint, wird bald darauf auch Menschen und deren individuellen Schicksale als *quantité negligeable* abtun, wegtun.

Weiter geht es ins zwanzig Kilometer entfernt liegende Kep, 1910 unter dem Namen Kep-sur-Mer als Ausflugsort für die koloniale Elite gegründet. Gewiss (noch einmal): Die hier Villen besaßen, waren nicht jene, die sie erbaut hatten. Und auch die einheimische Oberschicht, die sich hier bis zu Pol Pots Sieg mit Wasserski und Tiefseetauchen vergnügte, hatte vermutlich kein Auge für die Lage der Bauern in den Reisfeldern am Ortsrand. Diese Augen hatte schließlich nur »Angkar«, die allwissende, alles Überkommene hinwegfegende Partei. Mit dem Resultat, dass nicht nur die Villen, sondern auch die traditionellen dörflichen Strukturen zerstört wurden. Mit dem Resultat, dass in jenem völlig neuartigen, »demokratischen Kampuchea«, in dem alle gleich und autark produzierend sein sollten, Terrorkampagnen und Hungersnöte einander ablösten und sich die Menschen zuletzt nur noch von Käfern und Baumwurzeln ernähren konnten. Die Städte entvölkert, die zum kollektiven Reisanbau Vertriebenen auf endlose Gewaltmärsche geprügelt, an jeder Station um Verhungerte, Kranke, Kinder, Widerspenstige reduziert.

Die Wellen in der Bucht von Kep schwappen wie eh und je in sanften Ausläufern an den Strand, ein zwiespältiger Trost: Wenigstens daran also konnten die größenwahnsinnigen Herrscher nichts ändern. Auch die steinerne Uferbefestigung, die sich in anmutigem Bogen um die Bucht zieht, widerstand dem Zerstörungswillen, dem sämtliche Gebäude des Ortes zum Opfer gefallen sind. Und die Parkbänke, denkt man, auch die Parkbänke existieren noch. Man sitzt da, starrt aufs Meer hinaus, und schon kommen Händler herbei, Ananasfrüchte in der einen, Coca Cola in der anderen Hand, rufen »Two Dollar« und beginnen erneut jenes uralte Menschenspiel des Kaufens und Verkaufens, das hier einst mit dem Tod bestraft wurde. Schon packen auch die ersten Wochenendausflügler aus Pnom Penh zwischen den Ruinen ihre Decken und Picknickkörbe aus, freuen sich über die Anwesenheit des ausländischen Gastes, schwärmen ihm von der Schönheit der kleinen Bucht vor. Und das Vergangene?

Nun, damit ist es so eine Sache. Nein, Verwandte in Kep habe man nie gehabt. Ja, die Lage ist seit einigen Jahren ruhig und stabil. Und die Reste der Roten Khmer, die mit der Regierung eine Art Stillhalteabkommen geschlossen haben? Davon hat man noch nie gehört; das Lächeln der Ausflügler wird stärker, das Unbehagen größer.

»Die Roten Khmer? Die sitzen in den Bergen und bauen Bananen an. Manchmal kommen sie als Händler hinunter nach Kep, manche schießen im Alkoholrausch aufeinander. Wenn Sie wollen, führe ich Sie hin, aber so eine Tour kostet extra.« Herr Lim lächelt nicht.

Wieder neigt sich ein Tag dem Ende zu, der Himmel leuchtet in tausend Farben, die Konturen der Berge werden schärfer, und gäbe es das menschliche Gedächtnis nicht – es wäre ein Abend im Paradies.

November 2001

Coca Cola und Onkel Ho
Tage in Saigon

Wie heißt diese Stadt eigentlich: Saigon oder noch immer Ho-Tschi-Minh-City? (Wer bei der Einreise *Saigon* als Reiseziel angibt, erntet von den Uniformierten einen tadelnden Blick, sagt man dagegen in der Stadt »Ho-Tschi-Minh-City«, erntet man von den Einheimischen vor allem ein mitleidiges Lächeln.) Das »Hotel Continental«, Schauplatz von Graham Greenes Roman »Der stille Amerikaner«, ist im früheren Kolonialstil restauriert worden, während gegenüber die Gäste auf der Terrasse des achtzehnstöckigen »Hotels Caravelle«, das eher an Singapur erinnert, an ihren Cocktailgläsern nippen. Schluck für Schluck kehrt der Kapitalismus zurück, scheint die Epoche nach 1975, als die Stadt kommunistisch wurde, hinweggewedelt zu werden von beringten Fingern, zwischen denen Zigarren oder schmale Zigarettenspitzen stecken – ein untrügliches Gefühl des Wandels, der sich schleichend und träge unter samtblauem Himmel vollzieht.

Auf dem Platz zwischen »Caravelle« und »Continental« steht der 1899 von der französischen Kolonialmacht erbaute mächtige Steinklotz der Oper. Säulen, Freitreppen, allerlei Verzierungen – ein Hauch von Place du Châtelet mitten in Asien. Drinnen aber, im nobel ausgestatteten, mit Bahnen roter Seide drapierten Saal, findet gerade ein Pionierabend statt. Weiße Blusen für die Mädchen, weiße Hemden für die Jungen, unter jedem Kragen ein Halstuch, dazu Füße, die sich im gleichen Rhythmus bewegen: *I'm a material girl.* Der Besucher traut weder Augen noch Ohren, doch ist es keine Halluzination. Aus einem riesigen Lautsprecher dröhnt

Madonnas Stimme in den Saal, tanzen auf der Bühne die Jungen Pioniere, während Eltern und Großeltern von ihren plüschgepolsterten Sitzen das Spektakel mit steifem Oberkörper verfolgen, den Hinterkopf fest an den weißen Spitzenbesatz der Rückenlehne gedrückt. Wären solche Veranstaltungen in der DDR auch so ausgelassen vonstatten gegangen, denkt der deutsche Betrachter, dann hätte er sich seine damaligen Abwehrstrategien gegen all die blauen und roten Halstücher wohl sparen können. Aber wer spricht hier von Ausgelassensein?

Ernst, sehr ernst sind die Mienen der kleinen Halstuchträger, ernst auch die Gesichter der versammelten Verwandtschaft – selbst *Erotica* produziert kein Augenblinzeln, sondern nur erneute Stampfschritte auf der Bühne. Was ist Ost, was West?

Die einstige Flaniermeile der Rue Cantinat, die zwischen südfranzösisch anmutenden Bäumen von der Kathedrale bis hinunter zum Fluss führt, heißt noch immer Dong Khoi, »Straße der Volkserhebung«, allerdings ist das Proletariat hier inzwischen mit weit weniger Heroischem befasst. Siegen ist nichts, Überleben alles. Bettler, verzweifelte Exhibitionisten ihres Leides, zeigen an jeder Straßenkreuzung ihre Arm- und Beinstummel vor und bitten »One Dollar, please«. Manche von ihnen tragen Medaillen und matt glänzende Orden an den Revers ihrer zerschlissenen Jacketts; ausrangierte Opfer-Helden des Krieges, die sich fragen mögen, ob sie wohl damals für diese Art von Dasein gekämpft hatten. Auf den Trottoirs heften sich Trauben abgerissen wirkender Kinder an die Fersen der Touristen und versuchen, Postkarten loszuwerden – staubige, gelbstichige Bilder, auf denen Saigon tatsächlich noch Ho-Tschi-Minh-City heißt und aussieht wie ein Karl-Marx-Stadt unter Palmen.

Verlässt man Saigons berühmteste Straße mit ihren bis spät nachts geöffneten Boutiquen, Andenkenläden und klimatisierten Edelrestaurants, funkeln in Seitengassen die grellen Schriftzüge sogenannter Massage-Center in die Dunkelheit; manchmal beleuchten sie auch die vergessene Werbetafel mit den Sinnangeboten einer jüngst vergangenen Zeit: Eifrige Stahlarbeiter, emsige Reisbauern, wachsame Soldaten und forciert lachende Kinder. *La Isla Bonita?*

Die Stadt scheint sich permanent selbst zu zitieren, und womöglich ist das auch gut so. Vorbei die Zeit der klaren ideologischen Frontlinien. Die jungen Mittelstands-Kids, die in einem nicht enden wollenden Mofa-Corso bis Mitternacht lachend die Stadt umkreisen – wissen sie von der Vergangenheit, dem blutigen Krieg und den nachfolgenden »Säuberungen« der Sieger aus dem Norden, die Abertausende von *boat people* flüchten ließen, hinaus aufs Meer, in den Tod oder eine bessere Zukunft jenseits der Aufmärsche und Propaganda-Plakate? Wahrscheinlich mehr als genug, so dass sie das Stöbern in alten Büchern und Geschichten lieber den wohlhabenden trendigen Travellern überlassen, die jetzt in Saigon einfallen. Für zwanzig Dollar pro Nacht wohnen sie in durchnumerierten und noch immer »Liberty« benannten Hochhaus-Hotels aus amerikanischer Zeit, auf der Suche nach einer Epoche, in der ihre Eltern gegen die militärischen Gräuel der Amerikaner protestiert hatten. Gutgelauntes Hocken in Internet-Cafés und Fast-Food-Läden, doch die »authentischen« Taschenbücher, die sie im Second-Hand-Shop nebenan gefunden haben – Oriana Fallacis berühmte Vietnam-Reportagen, Erich Frieds klassisches »Und Vietnam und« oder aber, für sanftere Gemüter, wahlweise Marguerite Duras' »Liebhaber« oder die üblichen Hermann-Hesse-Ausgaben – waren in Plastik eingeschweißt und entpuppen sich beim ersten Durchblättern als schludrig produzierte Raubkopien. Die Rucksackreisenden schmökern dennoch darin, lesen vom geschichtsträchtigen Ort, an dem sie sich gerade befinden, von der Pham Ngu Lao, der einstigen Billigamüsiermeile der GI's, die sich seit Anfang der neunziger Jahre, nach der vorsichtigen wirtschaftlichen Öffnung des Regimes, als Zentrum der Individualtouristen wieder mit Leben füllt.

Den richtigen Amerikanern, pensionierte Militärs mit lokaler Kriegserfahrung, begegnen wir am nächsten Tag. Auch sie – mit den gleichen Bermudas und T-Shirts wie die internationale Studenten-Community ausgestattet – haben einen der Busse bestiegen, die jeden Morgen nach Cu Chi fahren, jenem vierzig Kilometer von der Stadt entfernten Tunnelrefugium des Vietcong.

Doch die Vergangenheitsbewältigung bleibt aus an diesem Vormittag. Obwohl zumindest einer der Touristen außer sich gerät, ja stinksauer ist: »I want my tea«, brüllt er eins ums andere Mal. Denn man hatte ihm Tee versprochen – eine Tasse vietnamesischen Tee, der im Eintrittspreis inbegriffen sei – und nun dies! Hilfesuchend schaut er sich um, doch seine Begleiter sind bereits verschwunden, verschluckt von dem kleinen Erdloch da vorn, das im Schatten der Palmenfächer fast unsichtbar ist. Allein im dampfenden und von zahllosen Tschilp-Geräuschen erfüllten Dschungel, fern der Klimaanlagen des bereits daheim gebuchten Saigoner Vier-Sterne-Hotels, dafür mitten im Terrain des einstigen Ho-Tschi-Minh-Pfades: Melden sich die alten Traumata zurück?

Von wegen. Der bullige Tourist will ja gerade dorthin, hinein in den Tunnel, denn nur dort wartet auf den Besucher jenes Glas Gratis-Tee – vorausgesetzt, er ist nicht zu dick und kann sich durch die gulliartige Öffnung Untertage gleiten lassen. Nach einigem Hin und Her wird dem ganz und gar nicht stillen Amerikaner schließlich ein Glas nach oben gereicht – *No problem, you are very welcome*. Und deine locker sitzenden Dollars, so die unausgesprochene Ergänzung, noch viel mehr. Der Ho-Tschi-Minh-Pfad, einst heißester Ausläufer des Kalten Krieges, als Touristenmeile: Kamera- und videobepackte Ausländer werden über gut begehbare Dschungelwege geschleust, an deren Rändern schon die Coca-Cola-Automaten warten. Wer als Europäer mit »Problembewusstsein« dem hier zelebrierten Konsumismus nicht ganz traut und seine amerikanischen Mitreisenden darauf anspricht, erntet eher Unverständnis: »Hey, it's just fun!« Reflexionen über Krieg und Frieden, über verbrecherische Politik und eigene Schuld? Keinerlei Innehalten, kein Unbehagen, allenfalls Unmutsäußerungen, jedoch selbst diese nie mit rassistischem Unterton, sondern nur als Gequengel des Komfortreisenden: *I want my tea!*

Nach dem Teetrinken werden gut präparierte Fallen besichtigt, unter Gestrüpp versteckte Gruben voller Nagelbretter und Eisenspitzen. »Bein weg, Kopf kaputt«, sagt der Reiseführer, ein ehemaliger Dolmetscher der südvietnamesischen Armee, den man nach dem Sieg des Nordens vier Jahre lang in ein Umerziehungslager gesteckt hatte. Doch darüber kann oder will er nicht reden. »Damals gab es wenig Reis«, ist der einzige Kommentar, ehe er mit seinem Bambusstöckchen winkt und die Touristen auf ein Schießfeld dirigiert. Mit alten amerikanischen Waffen kann hier auf ethnisch undefinierbare Pappkameraden gezielt werden – ein Schuss pro Dollar. Wieder mault der Dicke herum, dies sei ihm zu teuer, aber seine Kameraden beruhigen ihn und zeigen auf die hier ausliegenden wohlvertrauten Waffentypen: AK 47, M 16, Colt 45.

Typischer Fall von Geschichtsamnesie? Sollte es tatsächlich Amnesie sein, dann wohl eine äußerst heilsame – statt historisch aufzurechnen, wird friedlich abgerechnet. »One bullet – one Dollar. Please, pay now!« – ein quasi herrschaftsfreier Diskurs, wie ihn sich Jürgen Habermas nicht besser hätte ausdenken können. Zum Schluss gibt's dann wieder eisgekühlte Coca Cola aus dem Automaten und Gruppenfotos mit den vietnamesischen Reiseführern. Diese blinzeln sich währenddessen diskret zu; anscheinend kennen sie bereits all die zu erwartenden sentimentalischen Riten, bei denen Getränke spendiert und Adressen ausgetauscht werden, als wäre man auf einem Ausflug ins Landschulheim. *See you later, alligator.*

Die Lieder, die hingegen scheppernd aus den Lautsprechern über dem Schwimmbecken im Saigoner »Arbeiter-Klub« (dem einstigen französischen »Cercle Sportif«) dringen, sind eindeutig sozialistischen Ursprungs. Das blaugekachelte Bassin ist von Palmen umstanden, die sich üppig gegen den nachtblauen Himmel abheben – unzählige Nuancen von Blau an einem Ort, an dem sich

Kolonialismus und Sozialismus ein letztes träges Stelldichein geben. Nur in den Duschen des säulenverzierten Nebentrakts geht es hektischer zu, ein pausenloses Tapp-Tapp über die Fliesen, schnelle Blicke und eindeutige Gesten – hier praktizieren junge Männer mit glockenhellem Gelächter das, was wohl noch vor ein paar Jahren als *westliche Dekadenz* strafbar gewesen wäre. Saigon – hedonistische, liberale Enklave?

Doch noch immer liegen in den Hotels nur einheimische, das heißt Partei-Zeitungen aus, noch immer berichten Menschenrechtsorganisationen von Verhaftungen missliebiger Intellektueller, und noch immer gilt die 1985 eingeleitete Reformstrategie »Doi Moi« allein der wirtschaftlichen Öffnung. Gewiss: Die zwischen internationalen Werbeplakaten hängenden Transparente und heroischen Onkel-Ho-Bilder wirken ebenso verloren wie putzig; sie in ihrer dem Markt noch nicht unterworfenen Symbolik jedoch sogleich als sympathisch-subversiv zu deuten, wäre wohl zuviel der ahnungslos gelassenen Gedankenakrobatik. Dennoch: Dieses wohltuende Gefühl, sich in einer heterogenen, hybriden Stadt zu bewegen. W 50-Lastwagen aus alter DDR-Produktion werden auf der Straße von BMW's abgehängt, diese wiederum bedrängt von zahllosen Mofas (entgegen dem Klischee dienen Rikschas fast nur noch der Beförderung nostalgischer Touristen), während der Besucher im »Palast der Wiedervereinigung«, dem ehemaligen Sitz des südvietnamesischen Marionetten-Regimes, erneut amerikanisch begrüßt wird: Fast verdecken die Sonnenschirme mit dem »Pepsi Cola«-Logo die roten Fahnen, die rund um den akribisch geschnittenen Rasen mit der sprudelnden Fontäne wehen.

Und doch war es genau hier, wo am 30. April 1975 unter den Augen von Fernsehzuschauern aus aller Welt nordvietnamesische Panzer das schmiedeeiserne Tor durchbrachen. Wer jedoch im Inneren des vierstöckigen Gebäudes Propaganda à la »So lebten die Mächtigen, während das Volk draußen hungerte« erwartet, wird enttäuscht. Nirgendwo die Stimme eines offiziellen Reiseführrers, nur die Stille der angehaltenen Zeit: Zurück in die sechziger Jahre, als dieses Gebäude entstand, zurück in die Zeit von Mahagoni-Parkett und Schalensesseln aus Designerhand. Und kein Revolutions-Furor wie ab 1975 im benachbarten Kambodscha, kein besinnungsloses Auslöschen »bourgeoiser Ästhetik«. Selbst im nahegelegenen Kriegsmuseum, das mit schockierenden Fotos und Daten verständlicherweise nur die amerikanischen Verbrechen und vietnamesische Zivilopfer zeigt, bleibt das Schrille ausgerechnet einer Deutschen vorbehalten. Man blättert im Gästebuch des Museums, findet erschütterte Reaktionen neben freimütiger Kritik an der Aussparung der Vietcong-Gräuel – und dann dies: »Peace for all over the world. Fuck the USA! Nicole (Germany).« Worauf ein Student aus Kanada wissen will, woher wohl dieser Hass kommt, wenn selbst die Vietnamesen, die wahrlich Grund dazu hätten, keinerlei Vergeltung predigten. Vielleicht könnten ihm ja Nicoles Nazi-Großeltern eine Antwort geben.

Historische Verwicklungen, für welche die Zaungäste des »Apocalypse Now« im Distrikt 1 Saigons keinen Nerv haben. Lautes Gelächter, internationales Sprachengewirr, permanente Zischgeräusche geöffneten Dosenbiers und auf der Videoleinwand des Clubs eine Techno-Version von Trini Lopez, auf dass jetzt alle mitstampfen und mitsingen können: »Alalala Bamba!« Wenn es hier kollektive Rauschzustände gibt, dann allenfalls beim Konsumieren, im bedingungslosen Streben nach *fun*; alles andere als altruistisch, aber nach den Wahnideen des 20. Jahrhunderts – nach dem zum Massenmord eskalierten Städtehass vom 11. September 2001 – vielleicht ja doch das geringste Übel. Im Duty Free Shop am Flughafen dann noch eine letzte Symbiose: Neben eisgekühlten Getränken werden Ho-Tschi-Minh-Bilder feilgeboten, nachträglich koloriert, als wär's ein Stück von Warhol. Und so haben auf skurrile Weise wahrscheinlich letztlich beide gesiegt: Coca Cola und Onkel Ho.

Dezember 2001

Postscriptum:
Als am 30. April 2005 das dreißigjährige Jubiläum des nordvietnamesischen Sieges in Saigon gefeiert wurde, blieb neben einer pompösen Militärparade auch Platz für den Aufmarsch von Hausfrauen, die Einkaufswagen, hoch bepackt mit Waren, vor sich herschoben: »Enthusiastisch den Jahrestag der kompletten Befreiung des Südens und der Wiedervereinigung des Landes feiern!« Die Revolution auf dem Weg zum Supermarkt – Heinrich Heines Zuckererbsen für jedermann, wenigstens als reales Versprechen.

Der Affe im Straflager und andere Überraschungen
Eine Reise über die südchinesische Insel Hainan

Frau Qi, Vizebürgermeisterin der fünfhunderttausend Einwohner zählenden Bademetropole Sanya, ist eine strenge Beamtin. Sitzt unter dem unermüdlichen Summen der Klimaanlage kerzengerade hinter ihrem Tisch, zupft kurz und energisch an der spitzenbesetzten Bluse, friert dann ihr Lächeln ein, bis die feingeschwungenen Lippen ebenso starr wirken wie ihr wellenförmig onduliertes Haar, und sagt: »4 A! Oberste Attraktivitätskategorie. Hainan hat zahlreiche dieser Standorte, und sie werden effizient kontrolliert, schließlich sollen sich die Gäste wohlfühlen. Deshalb sagen wir seit den neunziger Jahren auch: ›Hawaii des Ostens‹. Unsere Lebenserwartung ist die höchste in ganz China, dazu gibt es 20.000 Hotelbetten. Zwanzigtausend! 3,6 Millionen Touristen besuchten unser tropisches Eiland letztes Jahr, doch diese Zahl wird planmäßig erhöht. Wir haben ein großes Potenzial: heiße Quellen, die sauberste Luft und das klarste Wasser des Landes, aber wir möchten keinen Massentourismus. Neben Südkoreanern und Russen sind uns auch Deutsche willkommen. Wer nicht oben in der Hauptstadt Haikou, sondern hier in Sanya landet, benötigt kein Visum, das wird ihm inzwischen direkt am Flughafen ausgestellt, eine kluge Entscheidung der Zentralregierung. Im Übrigen« – das Lächeln nähert sich wieder Plusgraden – »wir haben ein spezielles Wort für Deutschland: Land der Tugend!« Dann beginnt Frau Qi, die tatsächlich ein bisschen an Hilde Benjamin erinnert, ihren eigenen Worten entschieden und rhythmisch Beifall zu klatschen – solange, bis sich auch der tugendhaft verdutzte Gast aus dem Ausland anschließt. Willkommen auf Hainan!

Es ist bereits der fünfte Tag der Reise, doch noch immer wird man händeschüttelnd begrüßt, willkommen geheißen, mit Hochglanzbroschüren und Statistik-Poesie umgarnt. Chinas südlichste und zweitgrößte Insel – nach Taiwan, dessen demokratische *de facto*-Unabhängigkeit von den Pekinger Machthabern jedoch bis heute nicht anerkannt wird – liegt direkt auf dem Schnittpunkt zwischen subtropischer und tropischer Klimazone. Palmen, schneeweiße Strände, Meeresfrüchte und Kokosnüsse, im Landesinneren Regenwälder und Mangrovensümpfe, Reisplantagen und Mangobäume, nicht zu vergessen die planmäßig entwickelten Hotels, *Resorts*, 5-Sterne-Unterkünfte, deren genaue Zahl Frau Qi an diesem Nachmittag vermutlich ebenfalls genannt hatte. Die Grenze aber – das hat man in den vergangenen Tagen begriffen – verläuft woanders, weniger zwischen geographischen, als vielmehr kulturell-mentalen Klimazonen, manchmal sichtbar, häufig aber in einem nurmehr zu ahnenden Zickzack mitten durch Städte, Häuser, Situationen und Gesten.

Wie sanft etwa glitt der Buggy über das Auf und Ab des schmalen Asphaltweges, zu dessen beiden Seiten sich kurzgeschnittener Rasen, Pinien und ovale, künstlich angelegte Teiche erstreckten! Hundert Löcher habe sein Golfplatz, hatte der vierschrötig-bürstenhaarige Manager zuvor stolz verkündet, in Anzug und Krawatte unter dem kapitellartigen Vordach der protzigen Eingangshalle hin und her schreitend und mit einem überaus verbindlichen Lächeln für den Gast, dabei gleichzeitig ungeduldig mit den Fingern schnippend, um die Angestellten zur Eile zu mahnen. Fünfzehn Golfplätze gebe es bereits auf Hainan, weitere in Planung, doch sei sein Club, verkehrsgünstig an einer Ausfallstraße der Hauptstadt Haikou gelegen, besonders bei Ausländern – vornehmlich Japanern und Südkoreanern – beliebt. »Schon für zwölftausend Dollar bieten wir eine siebzigjährige Mitgliedschaft, überdies kann man alles nach einem Jahr wieder verkaufen. Warum also sind im vorigen Jahr nur viertausend Deutsche hierher gekommen? Dabei haben wir bestes Klima, acht Prozent Wirtschaftswachstum, 75 Prozent Luftfeuchtigkeit und weder SARS noch Vogelgrippe. Und keine Kriminalität, hier wird nämlich noch die Todesstrafe verhängt, und wen es trifft, dessen Familie bekommt danach die Rechnung: soundsoviel Yuan für Aufwand und Gewehrkugel, aber die Inflationsrate ist stabil, ho-ho-ho.« (Warum, fragen wir uns, während wir unser Entsetzen hinter einem freundlichen Pokerface verstecken, beschreiben reisende Westler eigentlich Chinesen fast immer als kichernde, Hihihi-Laute ausstoßende Wesen? Dabei zieht doch keiner von ihnen die Wangen hoch und die Mundwinkel auseinander, um jenes ominöse Hihihi loszuwerden. Statt dessen: konzentrierter Blick, leicht eingestülpte Backen, halbgeschlossener Mund und dann aus Richtung Gaumen dieses sinistre Bärengebrumm: Ho-ho-ho!)

Auf dem Weg zurück nach Haikou – moderne, glasverzierte Gebäude und Neureichen-Villen wechseln sich mit Sechziger-Jahre-Betonblöcken ab, von großblättrigen Palmen effizient verhüllt – kommen uns immer wieder schwarze Limousinen mit zugehängten Seitenfenstern entgegen, deren Nummernschilder mit zwei Nullen beginnen. Parteichef und Bürgermeister, »Nummer 1 und Nummer 2«, sind, so ist zu erfahren, normalerweise in Wagen mit den Chiffren 0001 bzw. 0002 unterwegs. Folglich scheint jetzt also gerade der obere Mittelbau Kurs auf den Golfclub mit den hundert Löchern und Suite-Unterkünften zu nehmen, in denen vor ein paar Jahren sogar die Teilnehmerinnen eines Miss-World-Festivals genächtigt hatten – im Anschluss an den Golfplatz war uns noch das goldgerahmte Foto von Miss Tansania gezeigt worden. All dies wurde möglich, nachdem in den späten Achtzigern die Partei die gesamte Insel zur Wirtschaftssonderzone erklärt hatte – übrigens parallel zu Shanghai, der boomenden Festlands-Konkurrenz, mit der man sich messen will, wenngleich es bis dato die Shanghaier Immobilienhaie sind, die auf Hainan Boden erwerben und Gebäude westlichen Zuschnitts hochziehen: Shopping Malls oder Konferenzzentren, wie jenes auch international bekannt gewordene Asia-Forum im ehemaligen Fischerdörfchen Boao, das einmal sogar George Bush Senior zu seinen Tagungsgästen zählen durfte.

Das »Tal der heißen Quellen«, inmitten eines üppigen Gartens am anderen Ende der Stadt gelegen, ist gar kein wirkliches Tal. »Möglicherweise ein Übersetzungsproblem«, erklärt der Dolmetscher, ohne mit der Wimper zu zucken. »Tal kann im Chinesischen auch ›Kader‹ bedeuten – wählen Sie selbst.« Und schon kommen – trippeln, rennen, hasten, huschen, eilen, jagen? – die eifrigen Hüter des Tals bzw. die Diener der Kader herbei, um uns folgendes zu zeigen: eine nach vorn offene Bambushütte, auf deren blitzblankem Boden Dutzende Decken für eine kollektive Fußmassage ausgelegt sind, des Weiteren mit hellen Holzwänden quadratisch umstellte Séparées, die mit einer poolartigen Steinwanne sowie WC ausgestattet sind und zahlungskräftigen Gästen die Möglichkeit geben, in Damenbegleitung die Heilwirkung der heißen Quellen zu genießen. »Man kann dem Wasser auch noch Gurken- oder Spargelsaft beimischen, das hilft gegen Pickel und Verstopfung.« Die bauchigen roten Laternen aber, die an den traditionell geschwungenen Dächern des ganzen Areals hängen und allein Kraft ihrer Farbe inmitten der grünen Vegetation leuchten, sie sind kein ideologisches Markenzeichen, sondern ein Symbol von altersher: »Rot bedeutet Glück.« Der Übersetzer zieht bei diesen Worten die Wangen ein, schon ist man auf jenes Ho-ho-ho gefasst, was allerdings ausbleibt, dafür lediglich ein laut vernehmbares Schniefen und anschließendes Ausspucken.

Die Reiseroute führt nun in Richtung Süden, entfernt sich von der Küste, jedoch nicht von den Ambitionen der Verantwortlichen, auf der 34.000 Quadratmeter großen Insel den realexistierenden Tourismus gesetzmäßig zu verankern. Erst im Jahre 2004 etwa wurde der Tempel Boao Chan Si eröffnet, und tatsächlich fehlt nichts: Weder der golden-dickbäuchige, entrückt lächelnde

Buddha noch der Duft von Räucherstäbchen, weder architektonische Pagoden-Feinheiten noch farbliche Nuancierungen oder von Blumenrabatten eingefasste Kieswege. Sogar die knienden Mönche sind echt. Diese aber werden vom Staat bezahlt, und wer als einheimischer Nicht-Tourist im Tempel beten will, muss dafür umgerechnet vier (oft unerschwingliche) Euro zahlen, sodass während der Besichtigung bald nicht nur der Geruch frischen Betons und gebeizter Holzleisten in die Nase steigt, sondern auch die Absicht ruchbar wird: entkernte, handzahm gemachte Religion als touristischer Standortvorteil, nach Golfspiel, Fußmassage und Gurkensaft der pseudo-spirituelle Kick einer Räucherstäbchen-Zeremonie und nirgendwo auch nur ein Hauch von nicht linientreuer Gegenwelt. Diffuse Erinnerung an bereits halbvergessene Klageverse von Chamisso, Uhland oder Eichendorff über zerstörte oder verfallene Schlösser und Weiler. Aber bei dreißig Grad Tagestemperatur, strahlendem Sonnenschein, hellblauem Himmel und einem offensichtlich von Reisegruppen fleißig frequentierten Tempel verliert sich diese Melancholie, wird selbst der Gedanke an die unzähligen einst von Mao ermordeten Mönche unwirklich.

Und doch musste es in diesem selbsterklärten Hawaii des Ostens etwas geben, was dem Zugriff der Partei entzogen ist, was sich als resistent erwies oder unter den tausend Augen der Planer schlicht unbemerkt geblieben war. *There lie they, and here lie we/ Under the spreading chestnut tree.* Aber war in Orwells »1984« nicht sogar der Wald zum überwachten Territorium geworden, mit Mikrofonen im Unterholz? Die unzähligen Palmen und Betelnussbäume an den menschenleeren Hängen jenseits des Weges hingegen beherbergen wohl keine Wanzen – ihre Köpfe sind geknickt, die Stämme halb aus dem Boden gerissen. Das war der letzte Taifun. Weshalb aber sind darüber hinaus die künstlichen Terrassen derart verwildert und verwaist, sodass sich – etwa im Vergleich zum gartenähnlichen Bali – jetzt diese ebenfalls nicht gänzlich ideologiefreie Frage aufdrängt: Kujoniert man im Sozialismus womöglich sogar die Natur? Der Übersetzer, bemüht um Neutralität, erklärt lakonisch: »Mao sprach vom ›Kampf *gegen* die Natur‹. Landschaft sollte urbar gemacht werden, Berghänge zur Reisproduktion dienen.« Das Resultat ist noch heute sichtbar: Terrassen, die aufgrund mangelnder Qualität wohl bereits vor Jahrzehnten aufgegeben wurden, sperriges Unterholz und nachwachsende Bäume, die in der veränderten Bodenstruktur keinen Halt finden und so jedem Tropensturm aufs Neue hilflos ausgeliefert sind – knochige, pflanzenüberwucherte Mikadostäbchen eines Spiels, dessen Meister aus Peking schon längst Geschichte sind.

Irgendwann aber ziehen sich die Berge zurück, um dem Wanquan, dem »Fluss der zehntausend Quellen« seinen Weg hinunter ins Südchinesische Meer zu ebnen. Der Fluss ist trotz seiner Strudel und Stromschnellen mit robusten Booten befahrbar, und wenn sich am dicht bewachsenen Ufer der dampfende Bodennebel hebt, wenn nach einigen Kilometern auf einer Lichtung dann die Fischerhütten der Miao-Minderheit sichtbar werden, sich am braunsandigen Ufer gleichzeitig das pfostengestützte Transparent »Soldaten und Fischer gemeinsam gegen den Taifun« wichtigtuerisch aufreckt – dann sind die weißen Schriftzeichen auf rotem Grund wenig mehr als ausgebleichte Ideologieknöchelchen, vom vitalen Grün des Urwalds längst abgenagt. Und oben auf dem Hügel ist das zweite Transparent-Tor bereits zur Einlasspforte geworden in das Leben der Fischer, die für ihre Gastfreundschaft weder Beifall noch Protokoll benötigen. Konische Dächer über runden Holztischen, unter den Schemeln sich balgende Katzen und kleine Hunde, in den Schüsseln, die von Frauen aus einer per Generator funktionstüchtig gehaltenen Küchenhütte herausgetragen werden, aber dies: Schweinefüßchen in würzigem Sud, mit Kräutern verfeinerte Ziegenherzen, limonenbeträufelte, mit Mangowürfeln garnierte Flussfische und als »Sättigungsbeilage« etwas Spinatartiges, auch »Revolutionsgemüse« genannt, da es angeblich einstmals Maos Soldaten im Kampf gegen die Soldaten Chiang Kai-sheks nährte. Das Urwalddunkel ringsum scheint belebt, ein Surren und Pfeifen jenseits der kleinen Raststätte, und während an den Tischen jetzt ein Schmatzen und Schlürfen eingesetzt hat (die chinesische Art, dem Gastgeber für schmackhaftes Essen zu danken), kehrt dem Reisenden die »Einladung zu einer Tasse Jasmintee« ins Gedächtnis zurück – Reiner Kunzes berühmte drei Verse aus der bedrückenden Ulbricht-Ära der sechziger Jahre: »Treten Sie ein, legen Sie Ihre / traurigkeit ab, hier / dürfen Sie schweigen.«

Oder: Hier dürfen Sie tanzen. Der Abend des nächsten Tages, eine Stadt namens Qionghai. Ein neonbeleuchteter Gebäudewürfel, im Inneren eine riesige, durch ein hüfthohes Holzgitter zweigeteilte Halle und im ersten Stock von Galeriegängen umrahmt. An den Tischen vorn wird gegessen – und zwar äußerst vornehm, mit wohlabgewogenen Gesten auf weißem Tischtuch und mit Hainaner Rosé zu Bambussprossen und Saté-Spießen. Wie sich die hier versammelte Jeunesse dorée (sämtlich Sprösslinge der Doppelnull-Wagenbesitzer oder aber Vorboten einer wirklichen Mittelschicht?) dabei jedoch unterhalten kann, bleibt ein Wunder, denn das Dröhnen des Techno lässt sogar die Tischbeine merklich vibrieren. Der Lärm fegt orkangleich durch die gesamte Halle, doch die Tanzfläche, genauer: eine Art *Tanzsonderzone*, ist ein streng umgrenztes Terrain. Zuerst hatte der ausländische Besucher die Männer auf den vier Eckpodesten noch für perfekte *Village-People*-Imitationen gehalten, für Gogo-Tänzer, die zum Aufheizen der Masse vorerst eben noch diese Uniformen trugen, typische Militärpolizei-Helme und in ihren auf den Rücken verschränkten Händen die hölzernen Schlagstöcke. *Y-M-C-A*; das würde vielleicht Gaudi geben! Doch obwohl der Minutenzeiger stetig auf ein Uhr und damit aufs Ende des Tanzvergnügens zurückt, die Tanzenden sich ganz wie ihre Altersgenossen in anderen Ländern im gleißenden Licht von Punktstrahlern euphorisch durchrütteln lassen – die Wachposten zeigen keinerlei Regung, verharren breitbeinig auf ihren Podesten, ja scheinen mit ihren Schlagstöcken jetzt geradezu die Verkörperung der Grenzen popkultureller Subversion. Andererseits fühlt man, während man sich nun ebenfalls unter die Tanzenden mischt, seltsamerweise nur leere Blicke auf sich gerichtet, so als sei man unsichtbar. Ist hier nicht – trotz fortgesetzter Kontrolle, trotz überdeutlichen Winkens mit dem Repressionspfahl – eine zweite Kulturrevolution im Gange, die dröhnende Ablösung asketischer Selbstverleugnung durch eben jenen Hedonismus, für dessen mildere Varianten nur vier Jahrzehnte zuvor den Menschen noch die Haare geschoren und die Knochen gebrochen wurden? Weshalb aber dann jene den Fremden so wesenlos durchbohrenden Androiden-Augen?

Das Rätsel erhält eine chinesische Auflösung, denn schon kommt der DJ auf die Tanzfläche gerast und schreit unter Kichern und Entschuldigungsgesten dem ausländischen Gast die Frage »Where from?« ins Ohr. Als er die Antwort hört, schlängelt er sich unter erneuten Entschuldigungsformeln zurück zu seinem Mischpult, lässt es über die Lautsprecher kurz knarren und rauschen, und schon ertönt, unterlegt mit härtestem Techno, über die Tanzfläche der südchinesischen Inselstadt Qionghai die Stimme Wolfgang Petrys: »Das ist Waaaahnsinn, warum schickst Du mich in die Hölle?« In genau diesem Moment recken sich wohl an die hundert Arme in die Höhe, und hundert Stimmen wiederholen »Hölle-Hölle-Hölle«, ehe man sich auf den deutschen Gast stürzt, ihm minutenlang die Hände schüttelt, an seinem Hemd herumzureißen beginnt und fashion-bewusste Teenager beiderlei Geschlechts immer wieder auf sich und ihn zeigen, »Hotel sleep? Hotel sleep?« schreien, ehe sie hinter vorgehaltenen Händen in Kichern ausbrechen.

Kulturelle Codes und wie man sie (miss)versteht: Die nächste Lektion wartet bereits knapp hundert Kilometer weiter auf der südöstlich vorgelagerten Insel Nanwan, vom Festland aus entweder per Seilbahn (inklusive gigantischem Meer- und Bergblick) oder mit Booten erreichbar. Zweitausend Affen leben hier frei im unzugänglichen Hinterland, ungefähr drei Dutzend von ihnen aber hat man hinunter in Strandnähe gebracht, wo sie in einem touristischen Areal allerlei Kunststückchen vollführen, Miniaturversionen der hier als Hainan-Shirts bezeichneten knallbunten Hawaiihemden tragen, mit Motorrädern fahren oder eine Fahnenstange in die Klauen nehmen und sie gleich darauf fallen lassen, bis ein scharfer Pfiff des Dompteurs signalisiert, dass der Auftritt noch längst nicht beendet sei. Fünf chinesische Affen nehmen also Haltung an, marschieren stramm an den beifallklatschenden Touristengruppen vom Festland vorbei, und die Fahne, die sie tragen, die ist rot. Affirmation oder Protest? Wahrscheinlich keines von beiden, denn auch die Tatsache, dass derlei im Ostblock vor '89 den Gipfel der Provokation dargestellt hätte – die Insignien der Partei in den Händen von Affen! – hier ist es vermutlich nur ein weiteres Amüsement ohne jeglichen Subtext. Die von Reiseführern mit bellenden Megaphonen geführten Gruppen ziehen jedenfalls so gleichmütig wie zuvor in Richtung eines riesigen Käfigs weiter, vor dessen Maschendrahtgitter die bemalte Pappfigur eines Affen mit Schlagstock sichtbar wird und dahinter im Inneren reale Tiere, die langsam und wie eingeschüchtert ihre Kreise ziehen. »Umerziehungslager!«, sagt der Dolmetscher, und wieder bleibt das erwartete Ho-ho-ho aus. Mit der Hand weist er auf eine blaue Tafel, auf der in weißen Schriftzeichen tatsächlich das Wort *Umerziehungslager* zu lesen steht und die Besucher informiert, dass man hier für eine Weile jene Tiere gefangen halte, die entweder Touristen an den Haaren gezogen oder sich dem Dressurplan verweigert hätten. Unser Erstaunen aber wandert wie ein Matrizenabzug auf das Gesicht des Übersetzers. »Na – Umerziehungslager«, wiederholt er mit gutturaler Stimme, verblüfft von der offensichtlichen Begriffsstutzigkeit westlicher Reisender.

Was dagegen leicht zu begreifen ist: Die Badestadt Sanya gleicht mit ihren weißen Hochhäusern, bunten Supermärkten, ihren Palmenstränden und malerisch anrollenden Wellen tatsächlich Honolulu. Das Klima ist ganzjährig von angenehmer Milde – zumindest so weit sich dies in Celsiusgraden bemessen lässt. Die unweit der

Stadt am Ende eines Promenaden-Quais errichtete, 108 Meter hohe weißgraue Guanyin-Statue – drei Manifestationen von Buddha blicken überlebensgroß in drei Himmelsrichtungen, eine vierte konzentriert sich geschlossenen Auges auf sich selbst – wartet nämlich mit etwas ganz Besonderem auf. »Zwölf Meter höher als die Freiheitsstatue in New York«, hatte bereits Vizebürgermeisterin Frau Qi am Konferenztisch triumphiert, und damit die entscheidende Information nicht etwa verlorengehe, wird sie vom Dolmetscher am Fuße der gigantischen 4A-Sehenswürdigkeit nochmals wiederholt: »Zwölf Meter höher!«

Wäre dies also das fernöstliche Pendant zu jener längst historisch gewordenen SED-Parole vom »Überholen ohne Einzuholen«, mit der man Wirtschaftswachstum ohne störende liberale Nebeneffekte herbeidefinieren wollte? Immerhin, der Referenzrahmen findet sich, verblüffend genug, nicht etwa in Peking (und schon gar nicht beim kleinen puritanischen Bruder in Pjöngjang) sondern in – New York City! Außerdem gibt es in Hainan – ohne jede Engpässe und Warteschlangen – nicht nur Bananen, sondern auch Kokosnüsse und Mangos zu kaufen. Passend dazu wird auf einem der vorgelagerten Eilande – »Grenzinsel« genannt, weil hier exakt die Linie zwischen subtropischer und tropischer Klimazone verläuft – bereits am Hafen für luxuriöse Lodge-Unterkünfte in traumhafter Lage geworben, auch stundenweise zu mieten. Stundenweise? »Na, viel sexuelle Aktivität bei gutem Wetter«, erklärt der Übersetzer und lässt nun tatsächlich ein gurgelndes Ho-ho-ho folgen. Was jedoch noch länger und wohl für immer im Gedächtnis bleiben wird, ist jene aus mythenbesetzten Felsen bestehende und mit emsig fotografierenden Bunthemden-Touristen gefüllte Strandsehenswürdigkeit namens »Das Ende der Welt«, oder genauer: deren breite Toreinfahrt. Rot auf Weiß steht es da zu lesen, das unverwechselbare Hainan-Feeling in einem Satz komprimiert: »Der Standort ›Das Ende der Welt‹ grüßt die Kontrolleure der 4A-Kategorie!«

Oktober 2005

Ausweitung der Demokratiezone
Wie Hongkongs Bürger ihre Rechte verteidigen

> Nein, diese Stadt, in der hundert Blumen verblühen,
> kann es nicht geben. Das ist ein Hirngespinst,
> eine Halluzination ist es, eine Fälschung,
> eine Science-Fiction-Oper, ein wackliges Wunder.
> *Hans Magnus Enzensberger, »Hong Kong 1997«*

Die Europäer, auf kantonesisch *gweilo* (»Fremde Geister«) oder schlicht »Langnasen« genannt, schienen nichts bemerkt zu haben. Zwischen den Einheimischen sitzen westliche Konsulatsbeamte mit ihren Gattinnen, soignierte Herren und somnambul lächelnde Damen, als wären wir nicht in der Gegenwart, sondern irgendwann in den Zwanzigern des vergangenen Jahrhunderts – Illustrationen zu einem Kasimir Edschmid-, Evelyn Waugh- oder Paul Morand-Roman. (Allerdings hätte man damals wohl nicht so ohne weiteres die vom Hersteller der Biermarke «Blue Girl» gesponserten schweißresistenten knallgelben Stirnschirmchen zum beigefarbenen Leinenanzug getragen.) Man fächelt sich Luft zu, schwitzt dennoch, trinkt Bier und verfolgt den zur Böse-Geister-Austreibung dienenden *Bun*-Maskenumzug auf der kleinen Fischerinsel Cheung Chau: Tanzende Einhörner und überdimensionierte Drachenköpfe, seidene Banner, Schellenklänge und Trommeln. In zwei Metern Höhe erscheinen geschminkte kleine Mädchen mit Reispapierfächern in bedenklich aufreizender Montur, in der Balance gehalten von stabilen Metallverstrebungen, die gekonnt unter einer fragil wirkenden Hülle von Bambus und Seide, von Holz und Rüschen versteckt sind: Härte hinter lächelnder

Sanftmut. Den unsichtbar festgezurrten Kindern da oben in den Lüften braust Applaus entgegen, der sich jedoch plötzlich zum Orkan steigert. Eine Band in weißer Uniform und Helmen mit Federbusch erscheint und spielt britische Militärmusik, jazzig angehaucht. Nicht enden wollendes Beifallsklatschen, das sich um Rhythmustreue nicht kümmert. Doch sind es nicht die durch ihre ausländischen Pässe abgesicherten Konsulatsangestellten, sondern allein die Hongkonger, die hier in Jubel ausbrechen. Nostalgische Hommage an den Kolonialismus? Noch keine drei Tage in der Stadt (und gänzlich unasiatisch vor mich hinschwitzend), fürchte ich die Gefahr allzu hurtiger Interpretation. Und doch, was wäre, wenn dieser Applaus indirekt einem Rechtssystem gelten würde, das Hongkong seit seiner Übergabe an China im Sommer 1997 vertraglich für ein halbes Jahrhundert vor staatsparteilicher Willkür aus Peking wenigstens halbwegs schützen soll? Als kurz darauf die Mikrofonstimme des Conferenciers eine Maskentruppe »from Mainland China« ankündigt, geht für ein, zwei Sekunden ein schweres Atmen durch die Menge. Nicht wenige der einheimischen Tribünengäste verlassen demonstrativ ihren Platz, begleitet von den verwunderten Blicken der Fremden.

»Wir sind Neunundachtziger«, sagt Christine Loh. »Der Massenmord auf dem TianAnMen-Square in Peking im Juni '89 war *das* Erweckungserlebnis für unsere Generation, aber der Bewusstseinsprozess begann schon früher.« Christine Loh, Jahrgang 1951, wirkt wie eine frischgebackene Doktorandin, dabei hat die Mitbegründerin der Bürgerrechtsvereinigung »Civic Exchange« bereits Jahre im Hongkonger *Legislative Council* gesessen, jenem Stadtparlament, dessen sechzig Mitglieder allerdings nur zur Hälfte direkt gewählt werden können – der Rest, die Leitungsebene der Verwaltung inklusive, wird von Peking gestellt. Wir sitzen in ihrem Organisationsbüro in der siebten Etage des »Hoseinee-House« (wie so viele Gebäude in Hongkong trägt auch dieses seinen exotisch anmutenden Namen aus der Empire-Zeit). Wuselige Wyndham Street in LanKwaiFong, das nachts zum Ausgehviertel wird und tagsüber voller Händler steckt, die mannigfaltige Dinge in den Läden rechts und links jener schmalen Treppen anbieten, die bereits vor Jahrzehnten Alain Robbe-Grillet in seinem Roman »Die blaue Villa in Hongkong« an die Gassen von Montmartre erinnert hatten! Hier oben aber summen Ventilatoren, und die Blumentöpfe auf den Tischen sind ebenso wenig verstaubt wie die kleinen chinesischen Skulpturen; hinter PC's arbeiten mehrere Frauen, die Knie über den kurzen Röcken übereinandergeschlagen.

Was hatte ich denn erwartet? Womöglich Sackleinenes à la Kreuzberg, eine verschworene Gemeinschaft, frustriert, mit herabgezogenen Mundwinkeln und notdürftig kaschierter Aggressivität?

Christine Loh streicht ab und zu ihr glänzendes schwarzes Haar aus der Stirn und spricht ruhig über die Arbeit von *Civic Exchange*, über praktische Anleitungen zur politischen Teilhabe, um aus Einwohnern Bürger werden zu lassen, den 1997 Peking abgerungenen und seither immer wieder bedrohten Freiraum legalistisch bis zur Grenze ausschöpfend und womöglich sogar erweiternd. Das Handbuch etwa, das ihre NGO herausgibt, präsentiert nicht nur Fallbeispiele von Verhandlungen mit Behörden einschließlich psychologischer Kommunikationstricks, sondern listet mit Adresse, Telefonnummer und e-Mail auch sämtliche Hongkonger Autoritäten auf: Sollen die da oben nur nicht denken, sie könnten einfach so als schweigend-anonyme Mandarine herrschen!

»Das war ein langer Prozess«, sagt Christine Loh. »Unsere Elterngeneration war in den Jahren nach dem Bürgerkrieg aus Rotchina geflohen und hatte sich unter schwierigen Umständen in Hongkong eine neue Existenz aufbauen müssen – die waren nicht an Politik interessiert. Und die Briten haben alles getan, dass das so bleibt: Wohlstand statt freier Wahlen. Gleichzeitig wurden immer mehr Frauen berufstätig und emanzipierten sich. Als sie dann in den sechziger Jahren mitbekamen, was für unsägliches Leid die Kulturrevolution auf dem Festland anrichtete – sogar hier in Hongkong gab es ja pro-chinesische Kräfte, die ihre Parolen herausbrüllten und Unruhe schürten – wandten sie ihren Blick allmählich nach Westen, den dortigen politischen Strömungen zu, die sich für Gleichberechtigung und mehr Demokratie einsetzten. Dass der Westen nie auf die gleiche Weise zurückgeschaut hat und in Hongkong eigentlich bis heute nur gesichtslose Konsumenten wahrnehmen will, ist nicht nur bedauerlich, sondern wird in genau dem Moment zum Problem, wo Menschen für universale Werte einzustehen lernen, sich dabei aber ziemlich allein gelassen fühlen. Kurzum: was ich sagen wollte, ist, dass die Denkweise meiner Generation nicht aus dem Nirgendwo aufgetaucht ist.«

»Sie haben«, unterbreche ich, »bereits Anfang der achtziger Jahre gegen die Tradition angekämpft, dass in den *New Territories*, den ländlichen Gebieten Hongkongs, Frauen das Recht verweigert wurde, Land zu erben. In der Zeit bevor Sie schließlich ein neues Gesetz durchsetzen konnten, waren Sie sogar massiv bedroht worden ...«

Anstatt jedoch wie eine verdiente Veteranin pathetisch zu nicken, unterbricht Miss Loh, schüttelt den Kopf, beugt sich über den Tisch. »Oh nein, nennen Sie es nicht ›Tradition‹! Warum wird immerzu von Tradition geredet, warum sprechen Sie nicht das Entscheidende aus: »*Money, my dear, money!*« Ein verschwörerisches Lächeln überzieht ihr mädchenhaftes Gesicht, dabei ist die Sache durchaus ernst: Selbstverständlich hatten die Großgrundbesitzer und reichen Bauern kein Interesse, ihr Land Töchtern zu überlassen, die sich bei einer freibestimmten Heirat dem familiären Clan dann eventuell auch finanziell hätten entziehen können. »Ich will Ihnen etwas sagen: ›Tradition‹ ist ein Totschlagsbegriff – oder auch ein wohlfeiler Trick von Diktaturen, um dem stets verständnisvollen Westen Sand in die Augen zu streuen. Jedes Mal, wenn Menschenrechte und Demokratie angemahnt werden, antworten diese Leute: Stabilität und Tradition. Darauf aber darf man nicht reinfallen, und deshalb machen wir diese Arbeit hier.«

Ist es vielleicht die Abwesenheit jenes (links)-protestantischen Fremdelns gegenüber Fragen des Geldes, das die hiesige Demokratiebewegung im Vergleich zu europäischen Organisationen zwar ebenfalls Dialog, Verständigung, etc. anstreben lässt, gleichzeitig aber in die Lage versetzt, genau zu erspüren, welche vor allem finanziell-machtpolitischen statt vorgeschobenen kulturellen Gründe die Gegenseite hat, Bürgerrechte möglichst klein zu halten? Christine Loh lacht. »Geld ist per se nichts Schlechtes. Man darf deshalb nicht den Fehler machen, den anderen den Profit zu überlassen, während man selbst auf der Ethik-Wolke schwebt.«

Nicht zufällig besteht das jüngste Projekt von *Civic Exchange* darin, als *think tank* diverse asiatische Erfahrungen debattierend in die Öffentlichkeit zu bringen – mit einer klaren Präferenz für das Modell Taiwan oder Südkorea, das Kapitalismus und Demokratie erfolgreich verbunden hat, während es in Singapur bislang eher Effizienz ohne Bürgerteilhabe gibt und in Thailand zwar freie Wahlen, dafür aber ein korruptes Regime. »Asiatische Werte sind das, was wir daraus machen«, sagt Christine Loh zum Abschied. »Und wissen Sie, wem ich diese Einsicht zu verdanken habe? Unseren Frauen, den Unruhestiftern der ersten Stunde. Anna Wu, Emily, Elsie und all den anderen ...«

> Wenn es im Westen sechs Uhr morgens an der Tür raschelt, ist es nur der Milchmann.
> (Alter Ostblock-Spruch)

Das Geräusch wirkt nach und schiebt sich in den gerade erst begonnenen Schlaf, der alsbald zum Halbschlaf wird: Also irgendwann aufstehen, sich im Bad Wasser ins Gesicht spritzen und schließlich doch an der Hotelzimmertür nachschauen. Weder Milchflaschen noch Geheimpolizisten, nur die *South China Morning Post* mit den neuesten Schlagzeilen und Fotos: Das Bild eines blaubekittelten, spritzenbewehrten Jungen bei der gestrigen *Bun*-Festprozession wird als nachgeholte Kritik an den zögernden Anti-

SARS-Aktivitäten der Regierung interpretiert, daneben ein Artikel über angeblich aufgetauchte Insider-Dokumente zum Pekinger Massaker 1989. Hongkong ohne Anpassung, eine Stadt von Millionen Unruhestiftern?

Während die 1913 geborene Elsie Tu sich bereits in den Nachkriegsjahren gegen Korruption im Polizeiapparat engagiert hatte und nun als demokratische *Grand Old Lady* selbst ihren Gegnern einen gewissen Respekt abringt, ist für das Hongkonger Establishment und seine mächtigen Freunde in Peking der Name von Emily Lau noch immer ein rotes Tuch.

»Ich bin ›banned‹«, sagt die 1952 Geborene, deren orangefarbenes Jackett über der schwarzen Bluse perfekt zur Handtasche passt. Hommage an die osteuropäische Demokratiebewegung von Kiew bis Tiflis? »Na klar, was denken Sie?« (Ich denke: Eine schicke, womöglich als Marken-Kopie im *Night Market* in der Temple Street erworbene Handtasche statt Petra Kellyscher Gesinnungsbuttons auf Parkamänteln.) »Gebannt« zu sein bedeutet für das frei gewählte Parlamentsmitglied Emily Lau, von den Pekingfreundlichen Medien ignoriert zu werden und nicht nach China einreisen zu dürfen. Wir sitzen in einem gemieteten Besucherbüro des *Legislative Council* in der Jackson Road, und die Frage, ob man frei sprechen könne oder nicht doch mit irgendwelchen Wanzen rechnen müsse, erhält ihre Aktualität durch die jüngste Parlamentsentscheidung, die Telefon-, Post- und e-Mail-Kontrolle zu verstärken.

»Selbstverständlich haben wir Demokraten dagegen gestimmt«, sagt Miss Lau, und es klingt alles andere als weinerlich. Die Frau, die auch ohne Medienunterstützung ihren immerhin 1,7 Millionen Einwohner umfassenden Wahlkreis seit Jahren mit sechzig Prozent Zustimmung verteidigt, die 1994 das westliche Schweigen zum Völkermord in Ruanda geißelte, die sich auf einen Prozess gegen die Propagandahetze der chinesischen Nachrichtenagentur Xinhua einließ und erst kürzlich ihre vorsichtigeren

Freunde mit einem Appell für das Selbstbestimmungsrecht Taiwans verängstigte, diese Frau – Handy neben der Kaffeetasse auf der blankpolierten Tischplatte – scheint trotz permanenter Drohungen nichts zu fürchten. »Weshalb auch?«, sagt sie beinahe kokett, »Angst spielt nur den Herrschenden in die Hände.«

Dabei weiß sie genau, wie umzingelt sie ist. Banken und Unternehmen, die längst – über Strohmänner oder ganz legal – in Pekinger Besitz sind, willige Hongkonger Handlanger und Medien, die sich in vorauseilender Selbstzensur üben, infiltrierte Parteien und Organisationen. »Man kann es hier auf die einfache Formel bringen: Kapitalisten und Kommunisten gemeinsam gegen die partizipative Demokratie.« Und der Westen, Miss Lau? »Der Westen freut sich über den Wirtschaftsboom und die Börse, während die Touristen die Hochhäuser bestaunen und auf den Märkten begeistert die Label-Kopien kaufen. Dass wir Demokraten eigentlich mit dem Rücken zur Wand stehen und mittels der von den Briten zurückgelassenen demokratischen, oder besser: halbdemokratischen Institutionen für die Freiheit in dieser Stadt kämpfen, interessiert die wenigsten. Und inzwischen nicht einmal mehr die Briten. Wissen Sie, weshalb ich Sie schon heute Mittag treffen konnte? Weil ich gerade von einem offiziellen Lunch in der Botschaft unter allerlei Verrenkungen wieder ausgeladen worden bin. Wahrscheinlich bin ich den Londoner Diplomaten zuwenig von dem, was sie als ›typisch chinesisch‹ bezeichnen: Lächeln und den Mund halten.«

Emily Lau lächelt ebenfalls, als sie dies sagt; eine fein akzentuierte Mischung aus Wehmut und leiser Verachtung. Unweit ihres Büros erlaubt eine breite Fensterfront den Blick in einen großräumigen, mit dunklem Holz verkleideten Saal, in welchem sich 60 Sitzgelegenheiten befinden: Das Stadtparlament von Hongkong als Kopie des britischen Unterhauses. »Detailgetreu bis auf die Kleinigkeit, dass *hier* nur dreißig aller Abgeordneten frei gewählt werden können.« Und wie viele stellen davon die Demokraten? »Fünfundzwanzig«, sagt Miss Lau. »Soviel zur These, westliche

Regularien seien nichts für Asiaten und schon gar nicht für die geldgierigen Hongkonger. Sie sehen, sie gehen sogar zur Wahl – solange man sie lässt.«

Ein wackliges Wunder, hieß es in Enzensbergers Gedicht, Tag für Tag vollbracht gegen den erklärten Willen einer Wirtschafts- und Militärmacht, deren weltweiter Aufstieg unaufhaltsam scheint.

> Neunzig Prozent der Bewohner von Mongkok waren entweder einst aus der Volksrepublik China geflohen oder hatten Eltern, die das getan hatten: Sie alle waren durch die Kommunistische Partei an Körper oder Seele verletzt.
> (John Burdett, »Die letzten Tage von Hongkong«)

Auf dem Jade-Markt in der Kansu Street verkauft man an den Ständen inmitten all der roten, grünen und blauen Perlenketten, Armbänder, Schmuckkästchen und Buddha-Figuren vor allem kleine Mao-Bibeln und Anstecker, dazu Intarsienarbeiten und Taschenuhren mit dem Konterfei des Großen Vorsitzenden. Eine holzgerahmte Tischuhr, zwischen zwei Hügeln glattgeschliffener Jadesteine thronend, zeigt Mao gar mit ausgestrecktem Arm, der sich im Sekundenrhythmus bewegt – auf und ab, auf und ab. Aus dem Inneren der Uhr aber dringt nicht das geringste Summen, dafür sind die Ventilatorgeräusche an der Wellblechdecke, das Vogelgezwitscher aus den an Bambusstangen baumelnden Käfigen und natürlich die Stimmen der Käufer und Verkäufer viel zu laut. Ist dies jetzt die Rache der einst aus der Volksrepublik Geflüchteten, die Banalisierung des einstigen Schreckens? Oder gehören die Jadehändler hier gar nicht mehr zur eigentlichen Bevölkerung von Kowloons am dichtesten bevölkerten Stadtteil Mongkok, sondern sind das, was die einen als *mainland people* und die anderen als »Fünfte Kolonne« bezeichnen?

Kaum nachlassende feuchte Hitze, auf dem Weg zum Wong-TaiSin-Tempel dann vereinzelte Regenschauer. Direkt vor mir zwei sympathisch aussehende deutsche Frauen Mitte dreißig, die sogleich ihre Schirme aufspannen und sich dabei über Guantánamo und »die Amis« unterhalten. So etwas nimmt Aufmerksamkeit in Anspruch, sodass sie natürlich keines der Plakate sehen, die an den Zäunen des Tempelweges hängen: Großformatige Fotos der Studenten vom Tiananmen Square im Juni 1989, blutüberströmt und von Panzern überrollt. Eine alte Frau in grauer Leinenhose drückt mir unvermittelt eine Broschüre in die Hand: *Is the value of human life equal only to the sum of its parts?* Es ist keine spirituelle Handreichung für den Taoisten-Tempel, sondern eine faktengesättigte Auflistung jener festlandchinesischen Praxis, die Organe Hingerichteter oder in den zahllosen Arbeitslagern zu Tode gekommener Häftlinge weltweit zu verschachern: Eine Leber für 10.000 US-Dollar, ein intaktes Herz ab 13.000 US-Dollar. »Erzählen Sie den Menschen im Westen davon«, murmelt die runzlige Alte. Ich nicke ihr zu und fühle mich dabei sekundenlang sehr mutig, ehe sich Scham breit macht angesichts ihres verzweifelten, in der Menschenmenge bald wieder verschwindenden Gesichts, verwischt wie ein Schriftzeichen, das eigentlich keinen Platz mehr hat, aber dennoch präsent ist in dieser Stadt, in dieser trotz allem *freien* Stadt.

Am späten Abend des gleichen Tages noch einmal über den Nachtmarkt in der Temple Street geschlendert, das heißt, mich – nun jetzt ebenfalls im Discountpreis- und Kopienkaufrausch – in einer von Neontafeln und Verkaufsstand-Leuchten zurückgestoßenen, von Garküchengerüchen umwehten Dunkelheit vorwärtsschieben lassend. Und da plötzlich vor mir (die Stadtwelt erweist sich als klein) erneut die zwei charmanten deutschen Frauen, zwischen enthusiastischen Erörterungen über den ungeheuren Preisvorteil des Nachtmarkts gegenüber dem Ladies' Market nun bitteren Spott über den tumben Materialismus der – hier allerdings komplett abwesenden – Amerikaner austauschend.

Von der Neugierde in die offenen Eingänge zwanzigstöckiger, etwas heruntergekommene Gebäude getrieben, Karaokebars und Saunen in den stickigen oberen Etagen, öde Nepp- und Abzockhöhlen, von denen du nie verstanden hast, weshalb ihr merkantiler Mechanismus mit dem Adjektiv »verrucht« veredelt wird. (Immerhin weißt du seit gestern Nacht, dass es hier noch ganz andere Orte des Gratis-Vergnügens gibt.) Danach im Lift eines weiteren Gebäudes irgendwann wieder hinunter auf die Straße, in der jetzt die Stände längst abgebaut sind und zottelige Katzen um den faulig-süßen Inhalt aufgeplatzter Plastiksäcke kämpfen. An der Straßenecke, wo du ein Taxi zum Victoria Harbour herbeiwinkst, gleich einem Schattenspiel die schlaksigen Bewegungen einiger grimmig dreinschauender Halbwüchsiger. Abgesandte der Triaden?

Mit der *Star Ferry*, die Kowloon und Hongkong Island auch nach Mitternacht in Viertelstunden-Abständen verbindet, anschließend für dreißig Hongkong-Cent wieder zurück. Inmitten eines unverkrampft disziplinierten und sich keineswegs stoßenden und anrempelnden Menschenstroms im hellen Neonlicht durch Drehkreuze und über Gänge, deren Boden irgendwann leicht zu schaukeln beginnt, während die Maschendraht-Wände nebenan den Blick auf weitere ankernde Schiffe freigeben. *Ich nahm die Fähre in Kowloon –* in welchem der seit deiner Kindheit verschlungenen Hongkong-Schmöker hatte wohl dieser Satz gestanden, bei James Clavell oder Richard Mason, in Han Suyins »Alle Herrlichkeit auf Erden«? Wahrscheinlich fehlten die Worte in keinem der Romane, waren mythisch gewordener Extrakt für jenes Großstadt-Gefühl – die Möglichkeit, sich an einem der am dichtesten bevölkerten Orte der Welt frei zu bewegen, vertikal ebenso wie horizontal, und dazu benzingetränkte modrig-salzige Hafenluft zu schnuppern (plus das *Armani* am schlanken Hals deiner chinesischen Banknachbarin, die jedoch nicht wie in den alten Romanen barfuß läuft, sondern gedankenverloren mit ihren *Prada*-Schuhen wippt). Und dann, während sich die Fähre in Bewegung setzt, siehst du von den Holzbänken des Unterdecks die wie aus der Dunkelheit herausgemeißelte und im Lichtgefunkel zitternde Skyline von Hongkong, beständig näher kommend. Der vielstöckige, auf einer Art umgedrehten Dreieck ruhende Bau da, das ehemalige Prince of Wales-Building, trägt seit Sommer 1997 allerdings einen weniger anheimelnden Namen: Hauptquartier der Volksbefreiungskräfte der Volksrepublik China. (»Es war geradezu gespenstisch gewesen«, hatte Emily Lau gesagt, »als noch in der Nacht der Übergabe die Armee einrückte, schweigend und effizient. Ein verlorenes Häuflein von uns, darunter Martin Lee, hatte eine Protestdemonstration veranstaltet, und obwohl viel weniger Menschen kamen als erwartet, waren wir schon froh, dass man offensichtlich die Versammlungsfreiheit noch respektierte und keinen verhaftete. Später gab es dann an den Jahrestagen des Massakers vom TianAnMen-Square riesige Demonstrationen, wie auch gegen die Politik des von Peking eingesetzten Gouverneurs. Mal waren mehr, mal weniger Leute auf der Straße. Ich sage immer: Erst wenn sich keiner mehr traut, haben wir verloren. Erst dann.«)

Was aber tun die Holzlehnen der Sitzbänke auf der Fähre? Sie passen sich überraschend an. Lassen sich ganz einfach von rechts nach links drücken, bleiben dann jedoch in einer leicht schrägen Position – ganz wie es der Rücken der zwischen Kowloon und Hongkong Island hin und her pendelnden Passagiere verlangt. Symbolisch? Zwischen den Hochhäusern und diversen, auch jetzt noch taghell erleuchteten Banken gleitet plötzlich eine weiße Doppelstock-Straßenbahn heraus. Endstation Wanchai, »Die Welt der Suzie Wong«. (Willst du da heute etwa auch noch hin, nur um zu sehen, ob im »Luk Kwok Hotel« noch die gleiche Atmosphäre herrscht wie in Buch und Film?)

Zum Abschied dann doch noch einmal LanKwaiFong: Die Diskothek, unweit von Christine Lohs Büro gelegen, heißt »Propaganda« – auch wenn das, was hier über die Köpfe der Vergnügungssüchtigen dröhnt, allein Madonna- und Robbie-Williams-Hits sind, Techno und House. Neben der Tanzfläche ein lang gestreckter Bar-Raum, und dort dieses Bild: Unzählige australische und europäische Touristen, bei Cuba Libre und MaiTai in die Amüsement-Infos der Hochglanz-Flyer und Stadtmagazine vertieft, um die nächste Station im Club-Hopping auszuwählen. Schade nur, denkst du, dass sie dabei wohl gerade jenen Artikel übersehen, in welchem über das fortdauernde »Brokeback Montain«-Verbot in China berichtet wird: Regisseur Ang Lee hatte mit einer Erwähnung des demokratischen Taiwan wiederholt den Pekinger Zorn geweckt – in Hongkong damit allerdings auch die Sympathie der angeblich so unpolitischen Konsumisten.

»Diese irre Stadt ist so wach«, sagt später der hochgewachsene Abbas, mit dem du ins Gespräch gekommen bist: 23 Jahre alt, IT-Student und Sohn pakistanischer Einwanderer. Offenherziger Abbas, der redet, als hätte er ein Mikrofon vor sich! »Weißt du was? Wenn es die Briten mit ihren so unnatürlichen Regeln und ihrem arroganten Fairness-Faible nicht gegeben hätte, wäre ich hier schon in der Schule von all den kleinen Chinesen fertiggemacht worden – und danach von meinen Eltern, die mich nicht unter den ›Ungläubigen‹ studieren lassen wollten.

Aber es gibt Organisationen, NGO's, die sich um Immigranten-Kids kümmern, verstehst du? Schon mal was von Fermi Wong und ihrem Verein ›Unison‹ gehört? Ohne diese Frau, ich sag' dir ... Schreib' keinen Artikel, ohne Fermi Wong zu erwähnen, versprochen?«

»La femme est l'avenir de l'homme », heißt es in einem Chanson von Jean Ferrat. Hat womöglich in Hongkong bürgerrechtsbewegter fernöstlicher Pragmatismus aus der freundlichen Schmeichelei längst eine ernstzunehmende Realität geformt? Der Langnasen-Westen könnte sie vielleicht einmal zur Kenntnis nehmen.

Ein Jahr später. Zuerst ist da dieses Gleiten – verblüffend genug, auch wenn es jetzt bereits der zweite Hongkong-Besuch ist. Der Mercedes mit dem selbst in Minuten nur um einige Cent vorwärtsklickenden Taximeter fädelt sich am Hafen von Kowloon zwischen Doppeldeckerbussen in eine der Spuren der Tunnelautobahn und taucht kurz darauf an der anderen Seite des Victoria Harbour wieder auf, zu Füßen der Wolkenkratzer von Hongkong Island. Ein Auf und Ab von Hochstraßen, Kurven und Abbiegungen – hügelan zersiedeltes Gebiet, ließe sich zivilisationskritisch vermerken, wären da nicht die Grünflächen mit ihren Palmen, winzig in der Ausdehnung und dennoch das Gesamtbild strukturierend als gelungener Farbtupfer. Von der Queen's Road Central hoch in die Garden Road, doch kurz nach der Abbiegung in die Lower Albert Road weiß der Taxifahrer plötzlich nicht mehr weiter, sein Englisch bleibt trotz aller Bemühungen rudimentär, auch vom *Foreign Correspondents' Club* hat er – »Sorriiii, Mista« – noch nie etwas gehört. Also zu Fuß weiter, denn selbstverständlich gibt es selbst hier ein Trottoir, filigrane Treppen zwischen den Trassen, und nicht etwa der Gestank von Benzin oder jene tropische Mixtur aus süßlich verfaulten Früchten und Staub steigt sofort in die Nase, sondern der Geruch von Koniferen und Ficusbäumen. Was funktioniert in dieser Stadt eigentlich nicht? (Du kennst die Antwort – die Demokratie –, doch weil dies keineswegs Exklusiv-Wissen ist, sondern Tagesthema in Hongkong, hast du die Gelegenheit genutzt, für eine knappe Woche zurückzukommen. Drei richtige Festivals und eine falsche Wahl – die »Sonderverwaltungszone« im Frühjahr 2007. Und natürlich möchtest du auch Christine Loh und Emily Lau wiedersehen und bist gespannt, was aus dem freundlichen Riesen Abbas geworden ist, der jedes Mal ganz überrascht blinzelte, wenn ihm eine seiner schwarzen Haarlocken in die Stirn gefallen war. *Schreib mal über Fermi Wong ...*)

»Selbstverständlich hätte Claire Scobie bei unserem Partnerfestival in Shanghai *nicht* auftreten können. Die Schriftstellerin erzählt in ihrem Buch vom Schicksal einer tiefgläubigen Wandernonne im besetzten Tibet, und Sie können sich vorstellen, dass die Regierung so etwas nicht dulden würde. Wir aber sind hier in Hongkong, bei unserem im siebten Jahr in Folge fast vollständig ausverkauften Literaturfestival.«

Auch bei der grazilen Miss Soo, einer der Managerinnen der inzwischen südostasienweit renommierten Veranstaltung, erinnert nichts an eine hektische Politaktivistin. Die Beine über ihren exquisiten schwarzen Designer-Rock (aber wer kann dies schon beurteilen in der Metropole der versiertesten Fälscherei?) gekreuzt, erzählt sie in der angenehm kühlen Lobby des *Foreign Correspondents' Club* von über zehntausend Schulkindern, die mit ihren Lehrern zu Bibliothekslesungen von Kinder- und Jugendbuchautoren kommen, berichtet vom wachsenden Engagement lokaler Sponsoren, die sich mehr und mehr von buchhalterischer Engherzigkeit freimachten und imagebewusst auch über den Abrechnungstag hinaus denken, schwärmt schließlich mit entwaffnendem Lächeln vom Autoren-Empfang zu Beginn des Festivals, bei welchem selbstverständlich Kaviar und Champagner nicht fehlen durften. »Wir sind hier nun einmal ebenso gegen Zensur wie gegen übertriebene Askese.«

Hinter ihrem Ledersessel hängen an den holzgetäfelten Wänden des Clubs, der noch immer einer der ersten Adressen für Korrespondenten und durchreisende Intellektuelle ist, gerahmte Zeitungsseiten aus früheren Zeiten. Japans Überfall auf Pearl Harbour, der Fall von Singapur, das Ende des Zweiten Weltkriegs, Guerilla-Kämpfe in Malaya, schließlich das *Time*-Cover vom Sommer 1989, das einen Studenten mit aufgerissener Hemdbrust vor einem chinesischen Panzer zeigt: »Revolt against communism.«

Das massenmörderische Ende des Aufstands vom TianAnMen-Square bleibt in Erinnerung, und vielleicht war es ja auch deshalb, dass dem amerikanischen Romancier Gore Vidal und dem kanadischen Philosophen John Ralston Saul – von Miss Soo gerade noch lächelnd als internationale Sahnehäubchen eines regionalen Events präsentiert – vorgestern von den Hongkongern keinesfalls nur applaudiert worden war. Hatte der seit Jahrzehnten in Italien lebende Romancier, den europäische Medien regelmäßig als »Stimme des ›anderen Amerika‹« vorstellen, den westlichen Selbsthass womöglich etwas übertrieben? Jedenfalls hatte seine These, das Machtgewicht der Welt neige sich zum Glück China zu, sodass eigentlich schon jetzt Shanghai dynamischer sei als New York, höflichen, aber unerwartet entschiedenen Widerspruch herausgefordert. Das Publikum im Rayson Huang Theatre erinnerte den erklärten Linken zuerst einmal an das Verbot unabhängiger Gewerkschaften in *Mainland-China*, an die *Lao-gai* genannten Zwangs- und Arbeitslager, in denen selbstverständlich »dynamisch billig« produziert werden könne - ehe sich ein alter Mann zu Wort meldete, vermutlich einer jener Flüchtlinge von 1949. »Mister Vidal, ist New York tatsächlich nur die Wall Street, wie Sie andeuteten? Gibt es nicht auch die Freiheitsstatue und Ellis Island, Orte der Hoffnung für Generationen von Emigranten? Womit aber kann dann Shanghai werben – etwa mit den Gedichten Walt Whitmans?« Eine Sternstunde des »Kulturdialogs«. Die Höflichkeit des alten Hongkong-Chinesen, den ich mir – auf die Zeitungen angewiesen, weil ich ja erst gestern angekommen bin – als würdigen, schmalschultrigen Greis mit einer Schildpatt- oder Nickelbrille vorstelle, eine wandernde Bibliothek, der den dickleibigen Sanguiniker aus Italien vielleicht wenigstens für einen Moment beschämt haben musste. Offensichtlich aber hatte – höflich und doch entschieden – der Kanadier Ralston Saul gleich darauf eine ähnliche Abfuhr erhalten: Nicht etwa die Globalisierung sei gescheitert, widersprachen Stimmen aus dem Publikum, sondern die Demokratisierung eben jenes Prozesses stecke noch in den Kinderschuhen, wobei man jedoch auf Sauls angepriesenes Heilmittel – »positiver Nationalismus«, hatte dessen Botschaft gelautet – eigentlich lieber verzichten möchte. *Sorriii Mista*. Lektionen in Demokratie, lächelnd und selbstbewusst gleichsam en passant erteilt.

Vormittags Zeitung lesen im Hotel, dann durch die Stadt streifen, Fernsehen im Hotel, anschließend noch einmal ausgiebig ausgehen. Weit entfernt, deshalb ein schlechtes Gewissen zu haben, versenkst du dich in die Berichte der *South China Morning Post* über die Gouverneurswahlen. »Diese Tage werden Hongkongs politisches System für immer verändern«, schreibt das marktführende Blatt, das in den Jahren vor und nach Hongkongs Übergabe an China durch eine Zeit übler Selbstzensur gegangen war, ehe es sich wieder aufzurappeln vermochte.

Ein seit 1997 existierendes, handverlesenes Gremium von 795 Stadtnotabeln (die Zeitung schreibt von »Peking-treuen oder regierungsfreundlichen Tycoonen und Geschäftsleuten«) wählt gerade den neuen Chief Executive, der gleichzeitig der alte ist: Donald Tsang, ein Mann mit Fliege und unergründlichem Lächeln. Und Alan Leong? – Hatte es im Vorfeld geschafft, innerhalb des Gremiums über hundert »Nominierungsstimmen« zu erhalten, sodass er jetzt in den Wahlkampfring steigen darf. Nicht wenige Demokraten aber wittern genau hier einen PR-Gag Pekings, um eine Farce als fairen Wettkampf zu verkaufen. Emily Lau attackiert die Hongkonger Medien, die eine völlig ungerechtfertige »Wahlkampf«-Hysterie verbreiteten und kündigt an, ihre Organisation, »The Frontier«, werde am kommenden Sonntag statt dessen echte Wahlurnen auf den Straßen aufstellen lassen, um den Schwindel sichtbar zu machen. Gern hättest du sie wiedergesehen, doch diesmal lassen es ihre Termine nicht zu. Ist der auf dem Bildschirm ein wenig linkisch wirkende Alan Leong also nur ein Strohmann, ein nützlicher Idiot? Gäbe es wirklich freie Wahlen, würde nach Umfragen der als effizient geschätzte Gouverneur Donald Tsang wohl tatsächlich gewinnen. Gleichzeitig unterstützt die übergroße Mehrheit der Befragten Alan Leongs Wahlziel –

eben freie Wahlen. »If I had a vote«, beginnt jede seiner Reden auf den Wahlveranstaltungen, von denen du nichts mitbekommen hättest, gäbe es nicht das Fernsehen und die *Post*.

Zum ersten Mal gefällt es dir, dass Nachrichten »gemacht« werden, die Art etwa, wie eine kleine Protestdemonstration am Rande einer pompösen Donald-Tsang-Veranstaltung dennoch den Weg in die Schlagzeilen findet, wie Kommentatoren immer wieder daran erinnern, dass sich Alan Leongs Slogans auf Martin Luther King bezieht, wie das Als-ob als Herausforderung angenommen wird. (Tatsächlich würden danach, im Frühsommer 2007, einige hochrangige Pekinger Politiker vorsichtig andeuten, dass man den Hongkongern eventuell freie Wahlen zugestehen wolle – irgendwann. Und die *South China Morning Post* würde zuvor und danach wieder clevere Aufmachergeschichten bringen, in denen »einflussreiche Geschäftsleute« mit der »großen Sorge« zitiert werden, die fehlende Wahlfreiheit könne sich bald als »atmosphärischer Standortnachteil« für das boomende Hongkong erweisen.)

»*Hey man*, du bist davon fasziniert, oder?«

»Und wie«, sage ich zu Abbas. »Was macht deine Familie?«

»Inzwischen haben sie akzeptiert, dass ich hier studiere. Aber zwischendurch haben sie mich nach Pakistan zurückgeschickt, um mich zu verloben. Na ja ...«

»Aus Liebe?«, frage ich.

»*In the mood for love?*«, fragt der Riese und bricht in leises, nicht zu seiner Körpergröße passendes Lachen aus, das dir herzzerreißend resignativ vorkommt. »Vergiss es. Ich mag sie, und sie mich, aber das letzte Wort ist noch nicht gesprochen. Noch studiere ich, arbeite in Fermi Wongs Projekt. Sie sagt mir ja auch, dass ich mir keine Angst einreden lassen soll.«

»Vor wem?«

»Na, vor den Nicht-Moslems. Vor denen, die nicht aus unserer Gegend kommen und nun trotzdem unsere Nachbarn sind in den

Häusern drüben in den New Territories. Oh, du weißt nicht, wie das läuft: ›Abbas, weshalb musst du studieren? Abbas, was ist das für eine Idee mit einer Auswanderung nach London, weißt du nicht, dass sie dort die Gläubigen verfolgen? Abbas, ehrst du so deine Eltern, dass du weggehst, ohne zu sagen, wohin?‹«

Abbas zieht an seiner Zigarette und lächelt. »Und denk nicht, dass mich die Stadt immer schützt. Eigentlich ist sie zu klein, bin ich für die Leute hier noch immer der große Fremde, obwohl ich ihr verdammtes Kantonesisch spreche, in ihrer Sprache fluchen und genauso hinterhältig lächeln kann. Du kommst mit sechzehn Jahren hierher, bist also jetzt seit neun Jahren in der Stadt, und trotzdem ...«

»Fermi Wong«, sage ich, als wäre es der Namen eines Talismans.

Abbas lässt seinen Oberkörper vor- und zurückschwingen. »Klar, sie macht Lobby-Arbeit, kämpft gegen Diskriminierungen, lanciert Ausbildungsprojekte. Für uns, während andere was gegen die Luftverschmutzung, den Abriss alter Häuser oder, na ja, gegen diese komischen Wahlen tun. Ich frag' mich manchmal, ob ich nicht doch hier bleiben sollte, anstatt nach Pakistan zurückzugehen. Obwohl, dort hast du wenigstens mit Leuten zu tun, die aussehen wie du selbst.«

Oh du weißt nicht, wie das läuft. Und was wäre mit dem Offensichtlicheren, das dennoch hinter westlichem Wahrnehmungsnebel liegt?

Hongkong: Anonyme Fake-Metropole, in der ein Heer von cleveren Asiaten angeblich mit nichts anderem als Geldverdienen und Konsumieren beschäftigt ist und auch beschäftigt sein möchte ... Wer außer den Pekinger Machthabern und den einheimischen Wirtschafts-Tycoonen hätte Interesse daran, das groteske Zerrbild weiterhin subtil zu vermarkten? Und all die an- und abreisenden Westler als beste Kunden einer solchen Fälscherwerkstatt, die Hongkong bis heute als erinnerungslose Vergnügungs-City präsentiert?

Am frühen Abend mit dem Taxi in die Hollywood Road gefahren und Stop am Hoscincc Building gemacht. In der siebten Etage, in den Büros von »Civic Exchange« sitzen die Frauen noch vor ihren Computern, eine von ihnen erinnert sich an meinen Besuch im vorherigen Jahr und bedauert, dass Christine Loh nicht da ist. »Sie ist gerade nicht in der Stadt. Schade, dass Sie sie beim Literaturfestival verpasst haben. Das war eine Rede ... Irgendwann in den nächsten Tagen wird ein Essay von ihr in der *Post* erscheinen, eine Kritik am Paternalismus unserer Regierenden, die dauernd von Harmonie reden, aber über unsere Köpfe hinweg entscheiden. Na, Sie wissen ja, wie klar Christine in diesen Sachen ist.«

Doch dann, nur wenige Minuten später, passiert das, was dir hier nie zuvor passiert war – nicht beim Schlendern durch das *Triaden-Area* von Mongkonk, nicht in den Geschäften der Nathan Road oder beim Snob-Cocktail im »Peninsula«, nicht einmal im Angesicht der riesigen Banken von Hongkong Island oder in den verstopften Gassen von Tsim Sha Tsui. Wie mutterseelenallein sie im Grunde dennoch sind, denkst du, all die Bürgerrechtler und Zeitungsleute, die Sozialarbeiter und das Häuflein der frei gewählten Mitglieder im *Legislative Council*, wie verlassen sie scheinen, trotz ihrer Cleverness, ihres Elans. Und du denkst es *nicht* beim Anblick der unzähligen anderen Hongkonger in den U-Bahnen oder Bussen, denkst es nicht inmitten des Millionen-Gewusels, sondern wirst von dem Gedanken erst dann niedergedrückt, als du »deine Leute« siehst – die anderen *gweilos*, Langnasen, Weißen, die Vertreter des angeblich genuin westlichen Individualismus.

19 Uhr in LanKwaiFong, und schon fließen Tequila und Mojito in Strömen, was dich überhaupt nicht stören würde, würden die Touristen auch das sehen, was du siehst und wofür man weiß Gott keine Lupe braucht. Und beinahe ist es eine grimmig-perverse Bestätigung aller Vorahnungen, im »Work's« in der Wyndham Street dann auf einen alkoholisierten deutschen Spät-Jugendlichen zu stoßen, der als Zeichen seiner Herkunft jedermann die Auf-

schrift seines blauweißen T-Shirt vorlallt: *Berlin – Hauptstadt der DDR*. Doch selbst in den ausliegenden pfiffigen Stadt- und Szene-Magazinen, welche die Ausländer allein auf der Suche nach Discount-Coupons durchblättern, widmen sich Leitartikel und Cartoons den »Wahlen«: so etwa in Gestalt einer imaginierten Donald-Tsang-Rede voller Schmähungen seines demokratischen Kontrahenten Alan Leong, in der freilich die schlimmsten Flüche zugunsten harmonischer Plattitüden ausgestrichen sind. »Geschätzter Mitbürger« anstatt »bloody bastard«, »unsere Kollegen in der Zentralregierung« anstatt »my communist bosses«. Und in der »Lifestyle section« der Spott über ein omnipräsentes Mode-Modell: »If Hong Kong models were a communist country, Elyse Sewell would be Dictator For Life.«

Währenddessen harren unten an der *Star Ferry*, wo auch nach Mitternacht in Minuten-Abständen die Fährschiffe nach Kowloon ablegen, weiter die Mitglieder der spirituellen Gemeinschaft der Falun Gong aus und halten Fotos ihrer misshandelten und ermordeten Glaubensfreude hoch, präsentieren erneut (inzwischen von kanadischen Wissenschaftlern beglaubigte) Dokumente über den staatlich betriebenen Organhandel in chinesischen Straflagern. *Peking – Hauptstadt der Volksrepublik China.*

Was aber wird sich durchsetzen, fragst du dich, die lebensweltlich verankerte und eigentlich ja doch keineswegs nur auf Aktivisten-Kreise beschränkte Renitenz oder die Unterordnung; die Erinnerung oder das Vergessen? Schon hattest du heute morgen in der Gloucester Road ein Geschäft entdeckt, quasi die Hongkong-Version des *1984*-Schlundes, der alle Verbrechen der Vergangenheit schluckt und anschließend zu Großtaten umwidmet: Klimaanlage und aromatische Luftbestäuber, freundliche Verkäufer in kunstvoll zerrissenen Jeans, mit silberner, aus den Hosen heraushängender Geldbörsenkette und unglaublich hippen *Tokio Hotel*-Frisuren, die einen flugs zu edlen Holzregalen führen, in denen teure T-Shirts und Jacken mit Motivaufdrucken der Kulturrevolution liegen. Enthusiastisch Mao-Bibeln und Gewehre schwenkendes

Jungvolk statt »Benetton«, Totalitarismus cool. Wahrscheinlich entstammt es ohnehin den gleichen Amnesie-Büros, entworfen von jenen, die bereits Andy Warhols Massenmörder-Porträt unglaublich chic gefunden hatten. Könnten sich die Herrscher in Peking bessere Helfer wünschen?

»Gibt es Versuche politischer Einflussnahme?«
Nein, Tisa Ho, smarte Direktorin des Hongkong Arts Festival, das in diesem Jahr sein fünfunddreißigjähriges Bestehen feiert, möchte lieber über das afro-kubanische Chucho Valdés Quartett, Youssou N'Dour, argentinische Tangotänzer oder die Asien-Premiere des Leipziger Gewandhaus-Orchesters sprechen. »Nun, den gibt es *so* nicht«, sagt sie, wobei ihr Lächeln allerdings eine gewisse Undurchdringlichkeit bekommt. Wie auch immer: Mit Tim Robbins' begeistert aufgenommener Bühnenversion von George Orwells »1984« wurde in Hongkong erneut etwas aufgeführt, was auf dem Festland sofortiger Zensur zum Opfer gefallen wäre. (»Achten Sie auf die feinen Unterschiede«, hatte mir Emily Lau letztes Jahr geraten. »Die meisten sagen *Mainland*, wenn sie von China sprechen, die Mächtigen und ihre Freunde ziehen es dagegen vor, etwas von *Motherland* zu säuseln.«)

»Wenn Sie möchten, ich hätte noch Freikarten für eine weitere Veranstaltung heute abend ...«
Und so ist dann ab Viertel vor acht alle drei Minuten eine mahnende Mikrophonstimme auf Kantonesisch und Englisch zu hören, welche die zahlreichen Besucher im weiträumigen Cultural Center in Kowloon, auf der anderen Hafenseite, auffordert, unverzüglich ihre Plätze einzunehmen – Auftritt des Soweto Gospel Choir. Auf meine Frage, ob derlei Festival-Aktivitäten nicht nur von den *happy few* einer Elite goutiert würden, hatte am Mittag Miss Ho noch mit leicht hochgezogenen Augenbrauen »Aber in Hongkong sind alle Elite!« geantwortet. Dennoch bleibt eine gewisse Skepsis, als es dann im Saal dunkler wird, Abendroben mit (echten?) Calvin Klein-Jeans und über den Teppichboden gleiten-

den (gefälschten?) Nikes in Dialog treten, während auf der von Spotlights in warme Farben getauchten Bühne das zu erwartende Tanz-, Gebets- und Lebensjubel-Spektakel beginnt. Die Skepsis aber hält sich nur bis zum Ende der ersten Darbietung. »Im Jahre 2004«, begrüßt nämlich eine der voluminösen Sängerinnen scheinbar unvermittelt das Publikum, »hatten wir Südafrikaner etwas zu feiern. Zehn Jahre Unabhängigkeit, zehn Jahre Demokratie. Und deshalb sind wir heute Abend bei Ihnen …« Doch der Satz geht unter in Jubel und tosendem, nicht enden wollendem Applaus. »Demokratie, ma femme, für Dich zwitscher' ich meine schönsten Lieder«, hatte einst, in anderer Zeit und anderem Ort, Walt Whitman in New York gereimt, in jener Stadt, die laut Gore Vidal der Menschheit heute angeblich nichts mehr zu sagen habe. Und doch könnte die buntgekleidete Mommy in diesem Moment keine bessere Inkarnation der Freiheitsstatue darstellen – kraftvoll, ernst und gleichzeitig fröhlich und sich nicht im Geringsten um all die Auslassungen rechter oder linker Kulturrelativisten scherend, denen zufolge »asiatische Werte« inkompatibel seien mit einem westlichen Menschenrechtskonzept. Von wegen, ihr Schwätzer, denkt der Besucher, während er – wie alle anderen im Saal, man muss sich nur umsehen – versucht, seiner Bewegung Herr zu werden. Nein, keine Tränen. Eher der Zorn und die Kraft der Erinnerung, die aus dem nachfolgenden Gospel-Sermon klingt, Steve Biko gewidmet, jenem 1977 von weißen Rassisten ermordeten südafrikanischen Gewerkschafter. (Biko und nicht Che Guevara, dem Gewaltneurotiker und kubanischen Umerziehungslager-Erfinder, T-Shirt-Held für Fans historischer Amnesie.)

Spätabends dann noch die Nathan Road entlanggeschlendert. Bei Bossini ein geradezu unverschämt preisgünstiges Jackett gekauft und danach in einer der Nebenstraßen für 100 Hongkong-Dollar, also rund 10 Euro, drei in separaten Schächtelchen steckende Krawatten erworben – wenn auch allein wegen der phantastischen Karton-Aufschrift: Dolce et Gabbena. Die leise, sprachspielerische

Ironie der Fälscher. (Am liebsten hätte ich mit *Dillar* bezahlt.) Zur Erinnerung an letztes Jahr (und die beiden US-hassenden deutschen Touristinnen) durch die vielgerüchigen Straßenschluchten von Mongkok gestreift, unterhalb der zwanzigstöckigen Wohnwaben diesmal jedoch nicht zuerst die ausgemergelt-filmreifen Triaden-Handlanger bemerkt, sondern einen Mann, der mechanisch winkend durch die Menge der Passanten schreitet, gefolgt von Jugendlichen und Fotografen: *Who is this guy?*

Nun, sagen die Leute, das ist der Schauspieler Jim Chim, der die pseudo-volksnahen Gesten von Hongkongs Gouverneur Donald Tsang so täuschend ähnlich imitiert. In der Fälschung erscheint der Fälschung wahrer Kern: Hongkong, wackliges Wunder. (Und am übernächsten Morgen – Wetten ? – in der Zeitung ein Foto eben jenes Mr. Chim, und gleich daneben – Wetten? – ein Artikel über den abendlichen Beifall für die Truppe aus Soweto.) Und nur noch ein Tag bis zur »Wahl«.

Geht das Arts Festival womöglich weiter, oder sind die Sprachspieler von »Bossini« und »Dolce et Gabbena« über Nacht ins Politikfach gewechselt?

Frage des Fernsehreporters an den »Wahlsieger« Donald Tsang: »Was glauben Sie, wird in fünf Jahren der Chief Executive dann endlich von der Hongkonger Bevölkerung bestimmt?«

Schmallippiges Lächeln: »Nun, er wird sicherlich erneut von Bewohnern Hongkongs gewählt.«

Auch wenn Alan Leong letztlich sogar weniger Stimmen erhielt als im Nominierungsverfahren zuvor, feiern seine Unterstützer, als hätte er gesiegt: »Ab jetzt lassen sich die Uhren nicht mehr zurückdrehen.« Und obwohl die Wahlurnen-Aktion von »The Frontier« weniger Beteiligung erfahren hat als erhofft, bringt das Fernsehen auch jenes quasi extralegal und basisdemokratisch zustande gekommene Ergebnis, als handele es sich um ein gleichwertiges Votum. (Verblüffendes Argument eines Moderators: Wenn 795 von Peking bestimmte Notabeln außerhalb des Stadtzentrums ihren Gouverneur küren, weshalb sollte dann das Wahlverhalten von rund achttausend Hongkongern in Kowloon weniger zählen?) Hier erreichte Alan Leong die absolute Mehrheit. Befragt, weshalb er bei der offiziellen Wahl weniger Stimmen als prognostiziert erhalten hatte, spricht Leong verhalten von diversen Anrufen, die vorher bei seinen Unterstützern im Gremium eingegangen seien. Reporter: »Da bleiben wir dran.«

Und du sitzt vor dem Fernseher und freust dich wie ein Kind, wie gekonnt hier der Rahmen des gerade noch Erlaubten ausgereizt wird von Journalisten, die mit größter Unschuldsmiene wahrscheinlich gerade Peking zur Weißglut bringen. Ist es denn ihre Schuld, wenn bei der Pressekonferenz des altneuen Gouverneurs dem Kameramann offensichtlich immer wieder die Hand verrutscht und deshalb vor allem jenes Grüppchen von Demonstranten ins Bild kommt, die »*Universal suffrage, universal suffrage!*« (»Allgemeines Wahlrecht, allgemeines Wahlrecht!«) rufen und nur deshalb von den Ordnern nicht abgedrängt werden können, weil eben gerade – und eigentlich während der gesamten Rede – nicht nur eine Kamera auf sie gerichtet bleibt? Donald Tsangs bemühtes Lächeln und deine Begeisterung, weil du – natürlich – gerade an anderes denkst. *Berlin – Hauptstadt der DDR.*

Schließlich erst am späten Nachmittag den Fernseher ausgeschaltet und zum vorläufig letzten Mal durch die Straßen der Stadt gestrolcht.

Dass in meinem Hotel in Causeway Bay die Protagonisten des gerade ebenfalls stattfindenden Hongkonger Filmfestivals abgestiegen sind – ich bemerke es bei Gesprächen im Frühstücksraum. Dass der jüngste Film des malaysischen Regisseurs Amir Muhammad in seiner Heimat verboten und *hier* selbstverständlich aufgeführt werden kann – ich lese es bei Kaffee und Dim Sum in der *South China Morning Post*. (Und sehe – Jim Chin mit Kunstblumen in der Hand auf Seite 3.) Dass dieses mit einem grandiosen Blick auf den Hongkong Jockey Club gesegnete »Cosmopolitan

Hotel« bis 1997 jedoch ausgerechnet die hermetisch abgeriegelte chinesische Botschaft beherbergte, vor der immer wieder Tausende Menschen wie Emily Lau oder Christine Loh protestierten – die Hotelmanagerin teilt es mir irgendwann eher verschämt mit.

»Und die versteckten Mikrophone?«, frage ich im Scherz. Das Lächeln der Frau wirkt auf einmal bemüht. Was hatte ich denn gedacht? Aber nein, keine James-Bond-Atmosphäre auf Hongkong Island – die zur Zeit weltweit am rasantesten aufstrebende Militär- und Wirtschaftsmacht China besitzt inzwischen wohl subtilere Möglichkeiten der Einflussnahme. (Da kannst du dich noch so sehr freuen, deine vermeintlich subversiven Notizen in gerade *diesem* Gebäude niederzuschreiben, das – und davon hatte die Managerin nichts verlauten lassen – in einem Seitenflügel noch immer die Nachrichtenagentur Xinhua beherbergt, Pekings Propagandastimme. Wenn doch nur alles Ideologie und Ideologiekritik wäre, beliebtes Sujet für weltreisende Intellektuelle! Wenn es nicht auch um *real estate* und Tarnfirmen ginge, um Aufsichtsrats-Strohmänner und infiltrierte Parteien, um ein Feld also, auf das du dich nicht zu wagen bereit bist.) Aber auch davon wissen die Bürger im kleinen Hongkong. Wissen es und überwinden ihre Angst, ihr Ohnmachtsgefühl oder vielleicht auch nur ihren Alltagsstress jenseits der »großen Politik«. Halten statt dessen das Große nicht unbedingt für groß und das Kleine nicht für klein, geben also noch immer nicht – und weniger denn je – klein bei. Ihr Völker der Welt, schaut auf diese Stadt.

Mai 2006/März 2007

Editorische Notiz

Die in Zeitungen oder Zeitschriften (*Frankfurter Allgemeine Zeitung*, *Die Welt*, *La Règle du Jeu*) erschienenen Beiträge des Bandes wurden für die Buchveröffentlichung vom Autor überarbeitet und aktualisiert.